陕西出版资金资助项目

THE CRESTED IBIS FLYING
OVER THE GREAT LAND OF CHINA

朱鹮舞神州

侯昌宇　秦　子　著

陕西新华出版传媒集团
陕　西　人　民　出　版　社

图书在版编目（CIP）数据

朱鹮舞神州 / 侯昌宇，秦子著. —西安：陕西人民出版社，2018
ISBN 978-7-224-13071-3

Ⅰ. ①朱… Ⅱ. ①侯… ②秦… Ⅲ. ①报告文学—中国—当代 Ⅳ. ①I25

中国版本图书馆CIP数据核字(2019)第007875号

总 策 划：宋亚萍
策划编辑：刘景巍
责任编辑：管中洑　王颖华
封面设计：赵文君

朱鹮舞神州

作　　者　侯昌宇　秦　子
出版发行　陕西新华出版传媒集团　陕西人民出版社
（西安北大街147号　邮编：710003）
印　　刷　陕西金和印务有限公司
开　　本　787毫米×1092毫米　1/16
印　　张　13
字　　数　150千字
版　　次　2019年7月第1版
印　　次　2019年7月第1次印刷
书　　号　ISBN 978-7-224-13071-3
定　　价　69.00元

朱鹮，一袭嫩白，柔若无骨，在稻田里踯躅是优雅的，起飞的动作是优雅的，掠过一畦畦稻田和一座座小丘飞行在天空是优雅的，重新落在田埂或树枝上的动作也是一份优雅。这个鸟儿生就的仙风神韵，入得人眼就是一股清丽，拂人心垢。头顶一抹丹红，长长的紫黑的喙的尖头竟然是红色，两条细长的腿红色惹眼，白色翅膀的内里却是红色的，像是白面红里的被子，通体嫩白中点缀着几点丹朱，凭想象尽可以勾勒它的美妙了。

——陈忠实

我爱你，朱鹮

吉祥鸟从天边飞过
青山荡欢歌
我爱你朱鹮，我爱你红鹤
我爱你飞过三月的秧苗
我爱你拂过六月的麦稞
我爱你优雅的气质
我爱你洁净的品格
我爱你身姿挺拔
好像仙女翩跹起舞婆娑

我爱你朱鹮，我爱你红鹤
我爱你飞过森林无边
我爱你越过秦岭巍峨
我爱你掠过淙淙小河
泛着清波从我梦中流过
我爱你朱鹮，我爱你红鹤
我爱你美丽的传说
历经磨难几多坎坷
迎来朝霞“东方宝石”熠熠闪烁
我爱你胸怀蓝天
中华神鸟把友情四海传播
啊美丽的吉祥鸟
我要把最美的赞歌献给你
我的朱鹮，我的仙鹤

——改编自《我爱你，中国》

目 录
CONTENTS

叁

第三篇 鹮舞神州山水美

第一篇

千万里追寻着你

朱鹮与其他鹭鸟为伴（摄影　怀忠）

千万里我追寻着你
在梦里你是我的唯一
多少个日夜
多少次的寻觅
却只差一步距离
我要找到你
不管南北东西
踏遍千山和万水
也要让我找到你
问世间什么最美丽
见到你绝对是个奇迹
那一刻是惊喜更是传奇
第一眼就能认出你
喊出你的名字
从此你在我心里
在心里你是我的唯一

——改编自《千万里我追寻着你》
和《我要找到你》

第一篇

千万里
追寻着你

第一章
这是一只什么鸟

天空湛蓝，阳光白亮，但仍禁不住猛地一个寒战。刚踩上北京高铁站台，劲紧的朔风就瞬间凛冽地穿透了衣襟。街头背阴的角落里，还残覆着2019年年初飘洒的第一场雪。

穿行在北京簇耸摩天的楼群间，现代时尚，斑斓炫目，却又那般逼促压迫。一阵转街折巷，突然天际豁亮，眼前一大片五六层楼高灰褐色的苏联式公寓，静静地矗立在繁华的背后。时光仿佛倒流了四五十年。砖混结构的低矮楼群的间隙里，凌空横竖布着黑色的暖气管道，包裹得粗大厚重，几处喷漏着浓浓的白气。几株漆黑老槐，虬枝盘曲；一排笔直银杏，斜挑着最后几片黄叶。这里就是著名的中关村，中科院的公寓区就静卧其间。

楼梯狭窄蜿蜒。正寻看门牌号，吱呀一声，一扇风霜斑驳的木门就开了。

“呵呵呵，我就听见你们来了，快请进。”一位老者，笑呵呵地迎出来。瘦高个，头发花白，脸膛红润。

两居室的房间陈旧局促，却颇有暖意。寒暄落座，茶几上茶香袅袅。

在中国，提起朱鹮，无法绕过一位重要的人物。那就是眼前这位矍铄的老者——中国科学院动物研究所研究员刘荫增，重新发现中国朱鹮的鸟类学家。

"呵呵呵，我就喜欢和你们年轻人交往，也经常和我的孙子们聊天。"老者一口京腔，声调高亢。

"呵呵呵，见到你们很高兴，尤其你们来自陕西，为了朱鹮而来。"老者着一件朱红色的上衣，暗合着今天所谈的主题——朱鹮。

在中国，提起朱鹮，无法绕过一位重要的人物。那就是眼前这位矍铄的老者——中国科学院动物研究所研究员刘荫增，重新发现中国朱鹮的鸟类学家。

尽管已过去了38年，但在今天来看，当年刘荫增在中国发现野生朱鹮所引起的关注和产生的影响，仍旧那么耀眼夺目和意义非凡。

刘荫增长期居住的这片老式公寓区，在当今的北京，甚至在中国迅猛发展的二、三线城市，也显得萧疏落寞。但这是一个时代的印记，这里是新中国科技革命的发起地，这里是郭沫若、钱学森、陈景润等一批著名学者、科学家战斗过的地方。今天，这里依然卧虎藏龙。

刘荫增先生为笔者题词

刘荫增的书房，是一个内涵丰富的世界。墙上挂的徐悲鸿的真迹，每隔一段时日，刘荫增便更换一幅，他觉得那样可以让陋室重焕光彩。书柜里静卧着一沓沓碑帖，有四五百年的历史，他说正准备捐献给国家有关部门，让它们发挥应有的作用。书桌、窗台、阳台，摆满了兰花，有30多种，三五支正绽放着，发出阵阵幽香。阳台屋檐下的鸟笼里养着鹦鹉、画眉。只有墙壁上悬挂着的几种鸟标本，表明了主人的职业身份——中国鸟类学家。

书法，是刘荫增精神世界的另一块栖息地。刘荫增的父亲刘伯琴，是20世纪六七十年代誉满京城的金石学家，与京城篆刻大家寿石工、金禹民、陆和九等人齐名。当年京城许多名

追忆40年前那段激情燃烧的岁月，刘荫增心潮涌动

家，如著名书画家启功等的印章均出自刘伯琴之手。

而这座经历了半个多世纪岁月，见证了中国动物研究的发展并取得举世瞩目成绩的老院所，在2008年完成了历史使命。那墙角的泡桐、台前的洋槐，对刘荫增来说，都那么熟悉，那幽静的小路、温馨的食堂，都承载了他太多的眷恋与回忆。

刘荫增显然承袭了父亲的艺术基因。在结束一天的采访后，他欣然为我们题词。隶书敦厚，红印隽永。这是书画家刘荫增。

养花喂鸟、创作书画，晚年的刘荫增难得收获一份闲适。晨练是刘荫增一天的开始，行走在从中关村到圆明园这段连接现代与历史的路上，有一个不起眼的老院子——北四环西路25号，总让刘荫增驻足，他也会时常走进去，这就是中国动物研究的核心机构——中科院动物研究所的老园区。但刘荫增清楚，它的门牌号在2002年之前的几十年里一直标写着中关村路19号。院里一栋五层苏式建筑就是曾经创造了众多荣誉与辉煌的中科院生物楼。

“呵呵，搬走了，现在动物研究所搬到奥运村那边去了。要跟上时代，发展壮大。”刘荫增说的是中科院动物研究所的新园区，而这座经历了半个多世纪岁月，见证了中国动物研究的发展并取得举世瞩目成绩的老院所，在2008年完成了历史使命。那墙角的泡桐、台前的洋槐，对刘荫增来说，都那

经历了半个多世纪岁月的中国科学院动物研究所

鹮木乃伊棺椁

么熟悉，那幽静的小路、温馨的食堂，都承载了他太多的眷恋与回忆。

耄耋之年的刘荫增，聊微信、玩视频通信、晒朋友圈，紧跟时代节奏的状态显得颇为轻松和自然，他对于新事物的感知与融入，一点不落年轻人之后。“物竞天择，人与其他动物具有极强的相似性，优胜劣汰嘛。”这一切在刘荫增看来都是自然的进化。

这是一个“多元”的刘荫增。从书法、绘画、养花，再到喂鸟儿，就这么和谐地集于刘荫增一身。但无论处在何种生活状态，有一种神奇的鸟儿——朱鹮，永远是刘荫增一生中最浓墨重彩的一章。

“朱鹮，是我一生不了的缘。从哪里说起呢？先从朱鹮是只什么鸟儿，它的名字是怎么来的说起吧。”一谈到朱鹮，座椅上的刘荫增就颇具老科学工作者博学强记的风采。跟随刘老知性而动情的追溯，我们开始了一场生动的朱鹮科普之旅。

一谈到朱鹮，座椅上的刘荫增就颇具老科学工作者博学强记的风采。跟随刘老知性而动情的追溯，我们开始了一场生动的朱鹮科普之旅。

古今中外，人们在对鸟类复杂的行为习性还缺乏了解时，就往往会描绘出无限神秘的色彩来。在我国，喜鹊叫被认为有喜事临门，丹顶鹤则与高寿长命联想在一起。国外也一样，在美洲，以鹰拟神的传奇不胜枚举；而在印度，孔雀也衍生出许多动人的传说。

在人类的艺术宝库中，以鸟为神是不乏其例的。但是把鸟的实体作为神来供奉的例子，世界上还为数不多。只有鹮鸟，被尊为聪慧才智之神，享受人间的供奉。大家知道，埃及是文明古国，在世界自然科学史中也占有重要一席。提到埃及，就使人想起举世闻名的金字塔、木乃伊，殊不知，埃及还有极为罕见的宝物——鹮木乃伊。

古埃及人认为，鹮是降临人间的智慧之神的化身。鹮死了朱鹮是鹮鸟在亚洲东部地区的特有种类，曾分布在中国、日本、俄罗斯、朝鲜等地区，因此，朱鹮也被誉为“东方宝石”。

之后，他们按照民族风俗的最高礼仪，把它装殓于棺木内，让它享受神灵般的祭祀。在精致的“鹮木乃伊”棺椁上，雕刻着栩栩如生的鹮鸟形象，棺椁是用上好的木材和金叶做成的，堪称珍贵至极。就是用现代的审美观来看，也算得上是世上罕见的艺术珍品。

鹮鸟在地球上的历史久远，科学研究表明，鹮鸟生活在距今约6000万年前，比人类的历史要久远得多，因此现存的鹮鸟被称为“活化石”。

鹮鸟是一个大家族，目前发现共有26种不同的种类，比如圣鹮、隐鹮、秃鹮、冠鹮、巨鹮、红鹮、东方白鹮等，有些种里又有亚种。那只惟妙惟肖的古埃及的“鹮木乃伊”，外形上看很像是一只非洲的圣鹮。

鹮的家族并非都是兴旺的，每个种类遭遇不同，现状也就不一样。例如圣鹮、隐鹮、秃鹮、冠鹮、巨鹮、东方白鹮，都因栖息地环境的破坏和人为的捕杀，数量急剧减少，而有些鹮种已经宣告灭绝。

鹮鸟被尊为智慧之神

生活在非洲和欧洲南部以及土耳其等地的隐鹮，在1953年大约有1300只，到1957年仅存51只了。同样，与隐鹮相似的，生活在南非高山草甸边缘，喜欢在峭壁悬崖上筑巢的秃鹮，因为人们过度的捕猎，现在只有少数存活下来。还有一种巨鹮，它是鹮中个体最大的一种，原生活在亚洲的西南部，1966年仅剩下100只左右了。而生活在南亚湄公河流域的东方黑鹮，因连年战火，无处藏身，几十年过去，已没有人知道它们的确切消息了。

朱鹮是鹮鸟在亚洲东部地区的特有种类，曾分布在中国、日本、俄罗斯、朝鲜等地区，因此，朱鹮也被誉为“东方宝石”。

朱鹮起飞

中国春秋时期的《禽经》中就有关于朱鹮的记载："朱鹭不吞鲤。"朱鹭即朱鹮。《乐府诗集》《汉书》《史记》等诸多文献中也都有朱鹮的记载，《史记》中记述秦始皇在庭园中喂养着各种鸟儿，其中的"旋目"即朱鹮。

朱鹮裸露的脸颊呈朱红色，嘴尖及双腿褐红，通体羽毛白色，两翅与腹尾渲染着淡淡的粉色，展翅飞翔，便透着微红的光芒。枕部有数十根柳叶状的羽毛，形成羽冠。

在中国，朱鹮又名朱鹭、红鹤、红脸鹤，被视为吉祥的象征。因为朱鹮的羽毛白里透红，人们称它为"红鹤"，谐音"红火"，盼望日子越过越红火。在我国江南一带，过去常用朱鹮的羽毛来扫移蚕宝宝，认为它洁净无瑕，希望它能带来福音。

中国春秋时期的《禽经》中就有关于朱鹮的记载："朱鹭不吞鲤。"朱鹭即朱鹮。《乐府诗集》《汉书》《史记》等诸多文献中也都有朱鹮的记载，《史记》中记述秦始皇在庭园从古至今，还有很多的文献作品都曾留下朱鹮洁净挺拔、优雅翩跹的身影，但从诗人的笔下，我们也隐约感受到朱鹮曲折伤感的命运。

中喂养着各种鸟儿，其中的“旋目”即朱鹮。

中国历代文人墨客对朱鹮也情有独钟，南北朝时期陈朝最后一位皇帝陈后主陈叔宝写诗赞美朱鹮：“考差蒲未齐，沈漾若浮绿。朱鹭戏苹藻，徘徊流涧曲。涧曲多岩树，逶迤复继续。振振难以明，汤汤今又瞩。”唐朝诗人刘禹锡有《吐绶鸟诗》：“赤玉雕成彪炳毛，红绡翦出玲珑翅。湖烟始开山日高，迎风吐绶盘花绦。临波似染琅琊草，映叶疑开阿母桃。”而唐代另一位诗人张籍亦有《朱鹭》诗：“翩翩兮朱鹭，来泛春塘栖绿树，羽毛如翦色如染，远飞欲下双翅敛。避人引子入深堑，动处水纹开滟滟。谁知豪家网尔躯，不如饮啄江海隅。”从古至今，还有很多的文献作品都曾留下朱鹮洁净挺拔、优雅翩跹的身影，但从诗人的笔下，我们也隐约感觉到朱鹮曲折伤感的命运。

在日本，朱鹮被称为“桃花鸟”“鸨”“美人鸟”“瑞鸟”“佳丽之禽”等。日本舍人亲王、太安万侣在《日本书纪》（720年）一书中记述：“将绥靖天皇葬于倭国桃花鸟田丘上陵”“将垂仁天皇葬于身狭桃花鸟坡”“将宣化天皇葬

田间驻足

于大倭国桃花鸟坡上陵”。三位日本天皇都葬于以“桃花鸟”（朱鹮）命名的墓地，皇家陵园就是朱鹮的栖息地，可见朱鹮在日本历史上所受关注与喜爱的程度。朱鹮也成为日本的圣鸟。

在日本高贵的礼仪茶道中，最上乘的用器之一羽帚，便是选用了朱鹮的羽毛。而日本的御神宝刀须贺利御太刀，其手柄的泥彩雕上镶嵌着宝珠，又把朱鹮的尾羽用金丝绳缠在上面，以示至尊无上的权威。

1823年，德国传教士西博尔德（Siebold）在日本发现了朱鹮，他是最早将东方的朱鹮介绍到西方的人。1828年，西博尔德将采集到的朱鹮标本送给了荷兰莱顿博物馆馆长特明克（Temminck），这是送到欧洲的第一只朱鹮标本。特明克将这个朱鹮标本与其他鹮类进行比较研究后，将其归于鹳形目鹮属（Ibis），命名为Ibis nippon（日本鹮），并在1835年撰文将朱鹮介绍到欧洲。其后，德国鸟类学家施莱格尔（Schlegel）在1842年至1850年，根据更好的朱鹮标本又做了补充描述。1853年，德国植物学家、鸟类学家路德维希·赖兴巴赫(Ludwig Reichenbach），将朱鹮从Ibis中划分出来，命名为Nipponia nippon，并认定它是一属一种的罕见品种。1873年，英国鸟类学会发表了有关朱鹮的论文，称朱鹮为Rosy Ibis，意为“蔷薇色的鸟”。

1922年，日本鸟类学会统一了世界各国鸟类学家使用的不同学名，将朱鹮的拉丁学名定为Nipponia nippon，直译成汉语就是“日本的日本”。

1922年，日本鸟类学会统一了世界各国鸟类学家使用的不同学名，将朱鹮的拉丁学名定为Nipponia nippon，直译成汉语就是“日本的日本”。

国际上为什么接受这个名称呢？刘荫增说，一方面是因为之前国际上对朱鹮的称呼比较混乱，确实需要一个统一的称呼；另一方面则是基于日本鸟类学在国际上的地位，以动物发

1872年，郇和来到浙江宁波，捕捉到一只朱鹮并送到伦敦动物园，但不久，这只朱鹮死亡。这是近代第一只被人工饲养的朱鹮。

现地给动物命名也是国际学术界的惯例。

1858年，英国生物学家郇和（Robert Swinhoe）在《台湾旅行记》中记载曾在中国台湾见到朱鹮。1866年，法国神甫阿尔芒·达维德（Pere Armand David）在中国内蒙古境内捕捉到一只朱鹮，将其制作成标本送到巴黎自然博物馆收藏。但这时离西方人发现日本朱鹮已过去40多年了。1872年，郇和来到浙江宁波，捕捉到一只朱鹮并送到伦敦动物园，但不久，这只朱鹮死亡。这是近代第一只被人工饲养的朱鹮。

“1872年，外国人在中国发现了一种灰色朱鹮，以为是鹮类新种，曾以‘中国鹮’命名，但随后发现，其实朱鹮没有亚种。原来朱鹮每到繁殖期便会分泌一些黑色的液体，涂染到羽毛上呈灰色。”说到朱鹮的学名，刘荫增，这位老科技工作者，至今深感遗憾。

从此，作为东方的鸟儿，朱鹮走进了西方人的视野。

第二章
濒临灭绝的边缘

野生动物是自然界的重要组成部分，是人类生存不可缺少的同伴。但在漫长的历史中，人类对自然界的认识往往是以人类自身所付出的沉痛代价换来的。就如恩格斯在《自然辩证法》一书中所说：“不要过分陶醉于我们对自然界的胜利。对于每一次这样的胜利，自然界都报复了我们。”

自然界中的鸟类与人类生活的关系是非常密切的。据鸟类学家研究表明，世界上绝大多数鸟是益鸟，是害虫的天敌，给人类带来的益处无法估量。比如，一对大山雀在育雏期可以消灭害虫12000条以上。在美国波士顿有座纪念碑——麻雀纪念碑。原来在波士顿没有麻雀，农作物经常遭受虫害，后来波士顿人特地从欧洲引进麻雀。麻雀在帮助人们治理虫害中起了重要的作用，这座纪念碑就是人们为感谢麻雀而建立的。无独有偶，美国西部犹他州还有一座海鸥纪念碑。犹他州有一年蝗虫成灾，幸亏飞来了一大群海鸥，啄食了蝗虫，消除了虫害，于是当地居民特地为它们建立纪念碑。鸟类对人类的益处、在生态平衡中的作用远不止这些，但这足以启发我们深刻地去认识人类与野生动物之间的关系。

据统计，从17世纪至20世纪，在短暂的300年中就有75种鸟灭绝了。进入20世纪，灭绝的速度更为迅速，大约每年就会有一种鸟从自然界中销声匿迹，这是多么可怕的现象！朱鹮就是在20世纪差一点灭绝了。

"长期以来，人类习惯于在自然界主宰一切，对有意无意地给生物界酿成的危害，往往是估计不足的。虽然野生动物能够循序繁衍，但并非取之不竭。若人类把野生动物当作一项财富资源一味地索取，其恶果是，有些物种我们还来不及认识它们，便永远从地球上消失了。以鸟类为例，据统计，从17世纪至20世纪，在短暂的300年中就有75种鸟灭绝了。进入20世纪，灭绝的速度更为迅速，大约每年就会有一种鸟从自然界中销声匿迹，这是多么可怕的现象！朱鹮就是在20世纪差一点灭绝了。"越说越动情，刘荫增的语调渐高起来。

19世纪，在黑龙江上游、乌苏里江流域、兴凯湖沿岸，到处可见朱鹮的踪影，特别是在西伯利亚湿地中，朱鹮多如寻常的麻雀。

但进入20世纪，随着战争和乱砍滥伐等人为破坏行为，自然环境一步步恶化，朱鹮的命运悄然改变。短短数十年时间，朱鹮同样遭遇濒临灭绝的境地。

1917年，在乌苏里江的苏联一侧，人们仍能见到朱鹮在繁殖期经常去那里。到1949年，苏联鸟类学工作者对该地区的鸟类进行调查时，却只见到一小群朱鹮。而到1979年，当地居民最后只见到过一只朱鹮的幼鸟。从那以后，苏联再未发现过朱鹮。

1911年，在朝鲜半岛的西岸金堤，成百上千的朱鹮在那里聚集，鸣叫声震耳欲聋，堆成无边无际的云霞。但后来，因为战争、人为的捕杀和大量施用化肥、农药以及工业生产对环境的污染，朝鲜半岛的朱鹮数量锐减。

从1930年开始，日本鸟类学家山阶采集朱鹮标本的足迹几乎遍及朝鲜半岛各地。他到汉城动物园参观，曾发现有10只朱鹮与其他种类的鸟混养在一个笼子里。1968年，虽然韩国政府将朱鹮指定为“天然纪念物”加以保护，但也未能挽回朱鹮灭绝的命运。1974年，人们仅在板门店地区见到4只朱鹮，之后就很少有人见到朱鹮。1977年12月至1978年4月，国际鹤类基金会主席乔治·阿奇博尔德曾在板门店地区惊喜地发现两只朱鹮，并对朱鹮进行观察研究。

乔治·阿奇博尔德先生是一位著名的朱鹮专家，曾在1980年应中国动物学会邀请来中国进行学术交流访问，他带来了许多拍摄得十分精美的朱鹮在野外生活的照片。乔治·阿奇博尔德先生在板门店“邂逅”朱鹮，其实并非偶然，这得益于板门店的特殊性。板门店位于北纬38°线，朝鲜战争的双方在这条线上划出了一个狭长地带作为非军事区，使双方军队免于在此交火，也让这几只朱鹮能够在此幸存下来。然而到1979年，朝鲜半岛最后两只朱鹮也永远告别了人类。

在日本列岛上，明治时期（1868~1912年），朱鹮的数量还是较多的。1893年，日本还通过了一项有关朱鹮的地方保护法，禁止捕捉朱鹮。但因忽视了科学保护方法，收效甚微，许多地方已见不到朱鹮的身影。1934年，日本全境仅在能登半岛和佐渡岛两地幸存百余只。对于一种鸟儿的种群来说，百余只的数量是相当脆弱的，于是日本政府在当年首次将朱鹮归入“天然纪念物”之列，再次提出保护朱鹮，并将朱鹮的栖息地收归国有。然而对栖息地的保护仍旧缺乏有效的措施，仅仅三四年，朱鹮数量迅速下降为27只。迫不得已，1945年，日本政府在佐渡岛划定了禁猎区，加强对朱鹮的保护力度。

乔治·阿奇博尔德先生是一位著名的朱鹮专家，曾在1980年应中国动物学会邀请来中国进行学术交流访问，他带来了许多拍摄得十分精美的朱鹮在野外生活的照片。

在日本，每20年要举行一次伊势神宫迁宫仪式。藤原忠平在《延喜式》（927年）一书中介绍过这种仪式，按照规定，仪式上要给宫中之宝须贺利御太刀的刀柄上缠两枚朱鹮羽，规格要求长五寸以上、宽一寸一分以上，而且必须色泽鲜

1960年，国际鸟类保护协会第十二届会议在东京召开，与会代表多是世界上有名望的鸟类学专家及学者。这次会议通过一项决议，把朱鹮列入“国际保护鸟”的名录之内。

明、左右对称。之前日本朱鹮很多，羽毛的使用量不受限制，可后来朱鹮数量越来越少，祭神仪式所需的羽毛也得不到保证了。1952年，日本政府已将朱鹮指定为“特别天然纪念物”。1953年秋天，日本举行第59次伊势神宫迁宫仪式，专门向政府提出申请捕获一只朱鹮，给须贺利御太刀插饰羽毛，但当时的佐渡岛上只剩下23只朱鹮，尤为珍贵，日本文物委员会最后答复：以茶帚羽代替。

1960年，国际鸟类保护协会第十二届会议在东京召开，与会代表多是世界上有名望的鸟类学专家及学者。这次会议通过一项决议，把朱鹮列入“国际保护鸟”的名录之内。此时，日本朱鹮仅存10只。日本对朱鹮最后的两个栖息地——佐渡岛和能登半岛进一步加强保护，但是多年过去，到1974年，日本全境仅剩8只朱鹮。

为了抢救朱鹮，日本从1980年年底到1981年年初，花了三个月时间，将野外最后的5只朱鹮（一雄四雌）全部捕获，并给朱鹮戴上脚环，根据颜色分别叫作阿红、阿黄、阿绿、阿白、阿蓝。将它们送到佐渡朱鹮保护繁育中心，与1968年捕捉回来的一只雌性朱鹮阿金合群，进行人工饲养繁殖。自此，日本宣告境内野生朱鹮绝迹。

此后的事实证明，日本拯救本土朱鹮的行动失败。朱鹮在捕捉和笼养过程中，因受外伤、疾病、年龄老化、性别比例失调等原因，繁育试验并不成功。四只雌性朱鹮在1986年前相继死去，只剩下了雄性阿绿和雌性阿金，但此后科研人员发现阿绿和阿金都失去了生殖能力。2003年10月，这批野生朱鹮中最后的幸存者阿金，以36岁高龄老死，标志着日本血统的朱鹮彻底灭绝。

其实，早在日本朱鹮濒临灭绝的20世纪70年代初，日本议会议员就通过民间关系写信给时任中国科学院院长的郭沫若，希望中国科学家对野生朱鹮状况予以关注。那时，中日邦交还未正常化，这样的请求自然没有结果。

1972年，中日两国正式建交，日本环境省就向中国国务院环境委员会正式提出在中国寻找野生朱鹮的请求。

中国还有朱鹮吗？当时中国林业部、中科院给国务院的答复是：1930年以前，在我国黑龙江、河北、山东、浙江、台湾、海南、陕西、四川等14个省份可以普遍见到朱鹮；1950年，在陕西、甘肃一些地方的稻田和河坝还可以见到觅食的朱鹮；1953年，从甘肃武都采获1只标本；1956年，从陕西省西安市草滩采获1只标本；1960年，在秦岭采集过朱鹮标本；1964年，从甘肃省康县采获3只标本。从那以后，再无朱鹮的消息。

此时，中日虽已建交，但诸多问题的解决还没有正式提上日程，这样的科研合作也就无法进一步推进。

1978年8月12日，中国外交部长黄华和日本外相圆田直终

林间身影

1978年，科学大会召开不久，国务院指示中国科学院，用三年时间，在全国范围内开展朱鹮专项调查。

于在北京人民大会堂签署了《中日和平友好条约》。同年10月22日至29日，时任国务院副总理的邓小平访问日本。中日两国加强文化交流，日本再次请求在中国开展朱鹮调查，调查中国境内是否还有野生朱鹮栖息繁衍。

1978年，对于中国来说，是一个特殊的年份。因为这一年中国历史发生了重大转变，意义非凡。

1978年3月18日，全国科学大会在北京召开，郭沫若以诗人的方式宣布："我们民族历史上最灿烂的科学的春天到来了。"同年12月18日，另一场具有划时代意义的盛会——党的十一届三中全会隆重召开。全会的中心议题是讨论把全党的工作重点转移到社会主义现代化建设上来。从此中国以空前的改革开放姿态出现在世人面前，中国各行各业再一次整装、出发、追梦……

其实，中国科学院动物研究所从1975年起，就已经开始关注并研究朱鹮的保护问题。1978年，科学大会召开不久，国务院指示中国科学院，用三年时间，在全国范围内开展朱鹮专项调查。动物研究所随即召开会议，决定正式成立朱鹮科考

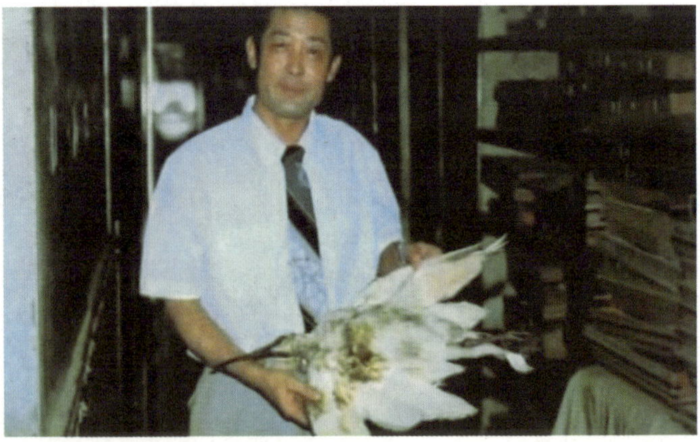

20世纪80年代初，刘荫增在动物研究所

工作中的刘荫增

20世纪80年代的中科院动物研究所

队，由刘荫增带队出征。

由此，中国寻找并拯救朱鹮的行动正式拉开帷幕。

刘荫增，1960年从北京气象学院毕业后，分配到中科院动物研究所。大学里刘荫增读的是气象学，而非鸟类学专业，但动物研究需要长期在野外考察，这离不开气象学的专业知识，他也算是学有所用。工作中的刘荫增勤奋好学，师从我国鸟类学界的泰斗郑作新，十几年下来，已系统学习和掌握了丰富的鸟类知识，加上在工作上表现颇为出色，深得恩师郑作新的赏识。

1978年，刘荫增42岁，正是年富力强的好年华，经历了十多年的野外考察的磨炼，寻找朱鹮的重担落在了他的肩上。从此，刘荫增与朱鹮就有了相识机缘和交集。

“对于朱鹮的保护，咱们国家启动得要稍晚一些，应该是1974年提出来，1975年才开始酝酿保护的。当时，我们要向世界明确回答中国到底还有没有朱鹮，因为那时世界动物保护组织已经宣告野生朱鹮灭绝了。”谈到那个年代，刘荫增颇多

“继续寻找朱鹮，即刻行动。”谷牧当即批示，并为刘荫增带领的科考队配备了一辆北京212吉普车。在当时，这样的“行头”着实令人艳羡。要知道北京212吉普车是我国生产的第一代汽车，成为当时国家高级干部的标配座驾。这一切都表明国家对追寻朱鹮这项事业的重视程度。

感慨。

从世界范围来看，朱鹮是一种分布区域较为狭窄的鸟，而以东亚地区的鸟类来说，可算在“广布种”之列，北起俄罗斯与中国交界的乌苏里江，南至中国的台湾、福建，西起中国甘肃的天水，东至日本列岛，均是朱鹮历史分布区域。

在苏联、日本及朝鲜半岛的野生朱鹮相继宣布濒危及灭绝的时候，中国也逐渐开始关注并重视这种神奇的鸟儿。但从1964年到1978年的14年间，这个被人们视为吉祥象征的鸟儿，似乎没了踪迹。中国还有没有朱鹮呢?

“没有消息并不是绝迹，继续找！”时任国务院副总理的谷牧对之前林业部、中科院的报告明确表态。

“继续寻找朱鹮，即刻行动。”谷牧当即批示，并为刘荫增带领的科考队配备了一辆北京212吉普车。在当时，这样的“行头”着实令人艳羡。要知道北京212吉普车是我国生产的第一代汽车，成为当时国家高级干部的标配座驾。这一切都表明国家对追寻朱鹮这项事业的重视程度。

带着嘱托，满怀信心。刘荫增与朱鹮科考队的成员们，整装待发。然而，后来他们在追寻朱鹮踪迹的道路上经历的困难与迷茫、挫折与艰辛，是当时他们所没能想到的，也是40年后的我们难以想象的。

追忆那段激情燃烧的岁月，80多岁的刘荫增心潮涌动，泪湿眼眶。

第三章
皖南夜雨话“神鸟”

“有目标，有方向，不是让你大海捞针……”朱鹮科考队出发之前，刘荫增的恩师郑作新要求他仔细研究朱鹮标本，熟记朱鹮的体貌特征及有关数据，因为这是寻找的方向。

中国科学院动物研究所有一个标本楼，里面琳琅满目，令人目不暇接，那真是一个奇妙的动物世界。标本楼的第四层专门收藏鸟类标本。打开玻璃大门，就可以看到为研究鸟类标本设置的长桌。洁白的窗帘将窗户遮蔽得严严实实，这是为了防止阳光的强烈照射，尽最大努力保护标本的天然色泽。一排排高大的铁皮柜占满了数百平方米的收藏室，每只用铁皮包着的标本柜上都带有卡片，上面注明柜内标本的名称。这些鸟类标本，全是按照它们在自然界中生活的样子制成的，并按照鸟类分类学的分类存放在标本柜中，井然有序。

在一个标本柜垫着网棉的抽屉中，并排放着三只供研究用的朱鹮标本。朱鹮的腿上系着两枚特制的标签，上面有采集人的姓名、采集的时间、采集的地点、鸟的性别等。这对于从事鸟类研究的人员来说，非常重要。

当年刘荫增就是在这里研究朱鹮标本的。导师郑作新对刘中国境内有1000多种鸟，将这些鸟的标本搜集齐全，则是一项庞大而艰巨的工程，而这一工程正是在郑作新的带领下，经过几十年的不懈努力才得以完成的。

荫增十分严格，不仅要求他仔细查看朱鹮的年龄、骨骼及巢穴等特点，还要求他进一步了解全国甚至全世界的标本情况以及朱鹮的生活习性等更为详细的文献资料。严谨的科研方法对刘荫增今后进行野外实地考察研究，可谓帮助良多。

中国境内有1000多种鸟，将这些鸟的标本搜集齐全，则是一项庞大而艰巨的工程，而这一工程正是在郑作新的带领下，经过几十年的不懈努力才得以完成的。“郑老是我国鸟类学的鼻祖，也是中国鸟类研究和动物地理学的奠基人和开拓者，我所有关于鸟类学的知识，都是跟他学的。咱们国家鸟类标本的搜集和研究，都是在郑老领导下完成的。”作为郑作新的弟子，刘荫增对恩师的感激之情不胜言表。

郑作新是中国科学院院士，也是世界著名动物学家，被誉为“中国鸟类学泰斗”，学术成就斐然。每忆起恩师传奇而辉煌的一生，刘荫增就心生崇敬。

1978年8月，朱鹮科考队做好了科考之旅的准备——崭新

20世纪60年代郑作新在野外观测气象

的国产吉普车，进口的望远镜、照相机，以及一些必备的野外考察器材。最让他们欣喜的是，相关部门专门为科考队配备了一支德国造双管猎枪，枪身上雕刻有精美的鸟兽图案。到深山密林的野外考察，遇见各种凶猛动物是常有的事，配枪主要是为了防身。当然，刘荫增他们也准备了大量生活用品，诸如帐篷、睡袋、水壶、压缩饼干、手电、药品等。

鸟类学泰斗郑作新的著作

出发时，刘荫增特意带着恩师的著作《中国鸟类分布名录》，因为其中详细记载着中国朱鹮的历史分布点，大量的科学数据为寻找朱鹮指明了方向。此外，刘荫增还带上了我国动物学前辈寿振黄先生的《河北鸟类志》，书中也有在河北发现朱鹮的记载。

“朱鹮到底在哪里？这不能靠运气，需要科学的分析判断，而后付出不懈的努力，才有可能得到成果。自然科学中的偶然性，一定存在于必然性之中。”

从哪里开始呢？刘荫增经过周密的思考，认为朱鹮虽然濒临灭绝，但绝非瞬间骤然遭到毁灭，作为自然界的一个物种，它们会选择能适应的环境顽强地生存。因此，行动的第一步，就是到朱鹮昔日的故乡去考察。刘荫增在地图上勾画出中国朱鹮的历史分布区，他发现这很像是一个西面以甘肃天水为顶角，东面以东北黑龙江、东南以福建及台湾为底角的三角形，刘荫增把这叫作“朱鹮三角区”。在这样大的范围里寻找已经多年不见的朱鹮，谈何容易。

朱鹮繁殖区和越冬区的南北交替线正好是“朱鹮三角区”从西边顶角向东面底边画的一条高线。这一条线是朱鹮考察的重点。现在正是秋天，刘荫增决定第一站就到长江下游的皖南山区。

相关文献记载，朱鹮具有迁徙性，它们春季在亚热带北界的湿润地带繁殖，一般在秋末南飞到长江下游地区越冬，有少数朱鹮飞向更南的地方。朱鹮繁殖区和越冬区的南北交替线正好是“朱鹮三角区”从西边顶角向东面底边画的一条高线。这一条线是朱鹮考察的重点。现在正是秋天，刘荫增决定第一站

鸟类学泰斗
郑作新的著作

就到长江下游的皖南山区。

汽车长途奔驰，晓行夜宿。那时候交通落后，路况不好，经过十多天的奔波，终于来到了紧靠长江三角洲的皖南地区，这里与苏南、浙北连成一片，丘陵水乡，景色宜人。资料记录，在这片苍翠山岭中曾活跃着许多野生动物，其中就有命运多舛的朱鹮。

已有多年野外考察经验的刘荫增知道，年纪意味着见识，当地七八十岁的老人是科考队首先走访的对象。“这白里透红的大鸟，我年轻时常见。”“前些年冬天，经常看到这种鸟，在这一带河田里啄食隐藏的害虫，晚上落在大树上过夜。”乡亲们聚在一起，你一言我一语，但结果大都是“多年没有见到这种鸟了”。

这些虽不确定但给人微茫希望的线索，仍鼓舞着刘荫增和队员们继续奔波。

就这样，钻进密林观察，跋涉山野探寻，忙碌一个多月，却始终没见朱鹮的身影。

深秋的寒霜在考验着队员们的毅力。当初的激情在渐渐消退，曾经的希冀在慢慢破灭。刘荫增心里非常清楚，万里长征这仅仅才是个开头。他必须带好头，给队员们鼓劲，继续前行。

> 深秋的寒霜在考验着队员们的毅力。当初的激情在渐渐消退，曾经的希冀在慢慢破灭。刘荫增心里非常清楚，万里长征这仅仅才是个开头。

40多年过去了，但在刘荫增的记忆深处，有一个特别的印记。

那是1978年12月27日，那天下着大雨。为了争取白天能多查看几个布点，刘荫增决定冒雨夜间行车。一路颠簸，时快时慢，车窗上雨水漫流。突然，车子停滞不前，在安徽南陵县境内一条靠近河滩的泥滑公路上抛锚，四个轮子深陷泥潭，司机加大油门试图冲出去，然而发动机怒吼一阵，愈加深陷。大家全部下车，使出全身力气推车，仍无济于事，车轮仍在泥坑中打转，泥浆喷满全身。寒雨越来越大，刘荫增和队员们的衣服早已湿透。夜幕下漆黑一片，科考队困在了皖南水乡。

得找人帮忙。经过一番寻找，刘荫增发现一丝微弱的亮光，泥泞中蹒跚而行，终于找到了一间简陋的茅屋，但很快刘荫增就失望了，因为他发现这屋里只住了一位孤独的老人。看来，科考队今晚是无法脱离困境了，真是欲速则不达。

刘荫增决定让疲惫不堪的队员在老人的茅屋里借宿一晚。

深夜不速之客的到来，对这位老人来说是不寻常的。但好客的主人将刘荫增等人请进屋内，便开始忙乎起来了。昏黄的油灯下，老人又是烧水，又是熬汤，还拿出自家酿的酒款待科考队。

尽管交流不是很顺畅，但一阵寒暄过后，刘荫增和老人之间还是很快消除了陌生感。平日里冷清的小茅屋这时变得气氛热烈起来。

“一碗热汤、二两老酒下肚，长途跋涉的疲劳消解了一半。这一切必须感谢皖南老人的大度与热情。”40多年前那个雨夜的情景，至今让刘荫增心怀感念。

窗外冷雨淋漓，茅舍内老人与远道而来的客人灯下酌饮长谈，真是别有一番滋味。

刘荫增和老人困难地交流着，一句话揉碎掰烂了，老人才能明白。老人讲的方言，刘荫增听起来同样很吃力，重复问几次才能明白一点。但他还是努力希望从老人这里获取一些有关朱鹮的信息。

科考队队员拿出一组朱鹮照片给老人看。老人来了兴致，凑近油灯仔细地端详，似乎认出来了什么，告诉刘荫增照片上的神鸟当地叫“白鹤”。

刘荫增和队员们的衣服早已湿透。夜幕下漆黑一片，科考队困在了皖南水乡。

尽管交流不是很顺畅，但一阵寒暄过后，刘荫增和老人之间还是很快消除了陌生感。平日里冷清的小茅屋这时变得气氛热烈起来。

老人的一番话，句句印证他所说的“白鹤”正是刘荫增他们千里追寻的朱鹮，科考队所有人都按捺不住内心的激动。

白鹤？刘荫增琢磨着，老人说的“白鹤”应该就是白鹭。因为白鹭在这一地区是一种常见的鸟。

把白鹭的照片给老人看，没想到老人连连摆手，“不对，不对，这个不一样。”老人明确表态。刘荫增一阵惊喜，莫非踏破铁鞋无觅处，得来全不费功夫？苦苦寻找的朱鹮难道就是老人说的“白鹤”？

这真是个好消息。一旁洗脚的队员们都停下来，瞪大眼睛盯着老人。刘荫增急切地一连追问老人几句。

见刘荫增有些疑惑，老人用非常肯定的语气说：“这两只鸟根本不一样！前面那张照片上的鸟是神鸟，我们这里叫‘白鹤’，长着红毛，能看到的人不多。它不愿让人看到，害羞，怕见人。你们这张画是怎么画的？这脖子上长些灰色毛的，更少见了。这种神鸟长了灰毛后，一般人就很难见到。”

老人的一番话，句句印证他所说的“白鹤”正是刘荫增他们千里追寻的朱鹮，科考队所有人都按捺不住内心的激动。

老人边抽烟边说着，时而用手比画着，刘荫增和队员们仔细琢磨，大致听明白了老人所说的意思：“现在这里人太多，孩子大人满河滩乱跑，人多了干扰大。水田冬天都是干的，大树也都被砍了。这种鸟儿羞于见人的，多少年没见过了。”

老人所说的应该就是朱鹮，至于朱鹮脖子上的灰色羽毛，刘荫增知道这叫婚羽。朱鹮颈部有特殊的腺体，在求偶期分泌黑色物质，朱鹮水浴时脖子会频繁地擦蹭自己的身体，将所分泌的黑色物质涂抹到羽毛之上，于是变成了灰色。喜欢到水田觅食，需要在大树上做巢，喜欢安静的环境，这些都符合朱鹮的生活习性。

起初刘荫增心中一阵狂喜，但老人随后说此地已多年没有朱鹮，顿时又让他大失所望。

耄耋之年的刘荫增

朴实的老人用朴素的语言告诉人们一个道理：不保护生态环境，必然带来恶果。随着人口增长和农业生产发展，人们频繁使用农药以及乱砍滥伐等行为，严重破坏了朱鹮赖以生存的环境，朱鹮最终不得不另觅家园。老人说朱鹮胆小、羞于见人，的确，在同等大小体型的鸟中，朱鹮胆量算是最小的。但多数鸟不是天生就怕见人。养过鸟的人都知道，从幼小养大的鸟与饲养者最亲近，从野外捕来的成年鸟则需要长期驯养才能逐渐解除怕人的心理，这是人类对它们迫害恐吓所致。朱鹮的羽毛美丽贵重，人们肆意捕杀，是朱鹮成为惊弓之鸟的原因。

朴实的老人用朴素的语言告诉人们一个道理：不保护生态环境，必然带来恶果。随着人口增长和农业生产发展，人们频繁使用农药以及乱砍滥伐等行为，严重破坏了朱鹮赖以生存的环境，朱鹮最终不得不另觅家园。

朱鹮飞到哪里去了呢？茅屋外寒雨淅淅沥沥。刘荫增的心中无限怅惘。

第二天，刘荫增请来老乡们帮忙，终于将汽车抬出了泥坑。告别老人，刘荫增率队继续前行。他希望出现奇迹，能够看到老人说的“神鸟”飞过头顶的天空。

风霜雨雪，又是一个月起早贪黑地探寻，仍没见朱鹮的身影。刘荫增开始重新思索考察线路。

但此时，年关逼近，刘荫增只得结束追寻朱鹮的第一段行程。1000多公里以外的北京早已天寒地冻，家人和同事们在等着科考队平安归来。春节，是中国人一年里最幸福的期待。饱受奔波之苦的朱鹮科考队队员们，盼望能在大年三十回家团聚。

第四章
五根羽毛多沉重

冬去春又来。1979年3月，正是春暖花开的美丽季节，刘荫增告别家人，带领朱鹮科考队再次出发。

沿着朱鹮历史的足迹一路前行，刘荫增做好了一年的计划，并做好了长久追寻朱鹮的准备。去年几个月的考察，让刘荫增明白了一个道理，科学的路上没有捷径可走。恩师郑作新又再次叮嘱他，必须深入实地，严密考察，不能漏过一处朱鹮可能栖身的地方。科考的结论要经得起历史的检验。

一年的路线已规划好，沿朱鹮历史分布区河北燕山、山西吕梁山、安徽大别山等及长江中下游的江苏、浙江、江西、湖北一带的丘陵低山区进行考察。

今天的人们，一定认为野外科考是让人兴奋的事。投身大自然，踏遍名山大川，尽情领略祖国大好河山的美丽风光，不仅可以了解天南海北的风土人情，聆听许多鲜为人知的奇闻传说，还能观察各类动物，体验荒野篝火式的生活，这听起来就让人心驰神往。

但野外科考不是旅游，长时间工作生活都在野外，风餐露宿、踏冰卧雪是常态。那个时候交通极其落后，虽然有汽车，

1979年后半年，刘荫增按计划再度到长江中下游的湖北、江西、江苏、浙江等丘陵低山区找寻朱鹮，因为这些地方稻田密布，最适合朱鹮觅食。但几个月的考察却一无所获。年底，又扩大到黄海、渤海、雷州半岛及辽宁千山山脉搜寻，依然不见朱鹮踪影。

但大多数县城也只能通碎石泥土公路，而一些乡镇就连泥土公路都不通，更别说考察朱鹮要到原野田间、山丘密林里去，那都要靠自己的双脚跋山涉水、披荆斩棘。

刘荫增带队去了燕山、吕梁山、中条山、大别山，经过大半年的考察，依然没有朱鹮踪影。多少次心中充满无数希望，却又一个一个破灭。这样多次的沮丧，刘荫增已经习惯。他不再期望立即就能见到那种神奇的鸟儿。

他一如既往地指导队员们认真做考察记录，记下那些干巴巴的也许令我们觉得枯燥乏味的数据。考察路径、沿途风貌、水土植被、环境生态、人口密度，还有所见的动物种类、数量以及考察点的详细景观、特点等等都要翔实地记录下来。这是野外实地科考的最基本的数据，直接关系着科学调查的结果。包括当地的风土人情、民间关于动物的传说，哪怕只言片语，刘荫增也要求记录在册。

1979年后半年，刘荫增按计划再度到长江中下游的湖北、江西、江苏、浙江等丘陵低山区找寻朱鹮，因为这些地方稻田密布，最适合朱鹮觅食。但几个月的考察却一无所获。年底，又扩大到黄海、渤海、雷州半岛及辽宁千山山脉搜寻，依然不见朱鹮踪影。

时间过得实在太快，一年就这样悄悄溜走了。但刘荫增没有失去信心，他觉得自己应该加快脚步。

多年的野外考察生活，不仅锻炼了刘荫增强健的身体，也磨炼了他温厚的性格，这背后隐藏着一种强大的坚韧。

1980年春天到来的时候，刘荫增带领的科考队正在河北西部山区，随后他们翻越太行山，转入山西南部。几次往返于黄河两岸，朱鹮依然没有任何音讯。

4月，科考队向南逐渐深入河南等地。刘荫增逐渐警醒，以往考察的低山丘陵区，虽然曾经是朱鹮栖息之地，但密集的人口、频繁的人类生产活动，势必影响朱鹮的生存。是否应该转向人口密度较低的西部呢？

5月中旬，科考队自东向西，踏入号称“八百里秦川”的秦岭北麓与渭水南岸的低浅山区。这是刘荫增第一次踏入三秦大地。

“秦岭真是大自然的宝库，物种太丰富了！和很多名山不同，秦岭是以‘岭’命名的山，老一辈这些科学家厉害，真佩服他们！”说起秦岭，刘荫增侃侃而谈，仿佛回到自己最感亲切的地方，“从气象学角度来讲，秦岭是中国南北的‘分水岭’，岭南、岭北迥然不同。”

那个年代还在大力提倡开荒种地，秦岭北坡自然植被破坏程度堪忧，水土流失现象非常严重。一旦天降暴雨，洪水便冲垮道路，车辆难以通行。但为了追寻朱鹮，刘荫增的科考队往往冒着车毁人亡的危险在泥泞的山路上艰难前行。

从西安到周至，今天人们大概只需个把小时的时间即可抵达。然而在1980年，刘荫增一行经过十多天的颠簸，才抵达周至县境内西南的山区。原本计划由周至继续向南，从太白山的东面越过秦岭，横扫秦岭南坡。但没有料到几乎全线公路都

“秦岭真是大自然的宝库，物种太丰富了！和很多名山不同，秦岭是以‘岭’命名的山，老一辈这些科学家厉害，真佩服他们！”

秦岭风光（摄影　赵纳勋）

刘荫增边喝水边向老婆婆介绍自己的工作，边向老人家打听起朱鹮来。不料一提朱鹮(当地叫红鹤)，却勾起了老婆婆的伤心往事。

被山洪冲断，科考队不得不停下前进的步伐。

雨后初晴的中午，刘荫增顺小路来到一户人家，破旧的院落是用土墙茅草搭盖起来的。只见一个十多岁的孩子正用小手搓动着收割回来的麦穗，手心泛红。刘荫增正东张西望，看到不远的山坡上下来一位老婆婆，身上背了一捆柴进了院子，刘荫增知道这便是院子主人。老婆婆一句话没说，放好柴草便直接进屋去了。

“那是你奶奶吧？你爸爸和妈妈呢？”刘荫增亲切地问孩子。

“你背的是相机吗？”孩子没有回答刘荫增，反而好奇地问。正说着，老婆婆端出了水来请刘荫增喝，刘荫增连忙表示谢意，并跟着她进屋去帮着端水。只见屋内供桌上一溜放着几个木牌，上面写着字，因为光线太暗刘荫增来不及细看，但他确定这是供奉逝者的牌位。

来到院中落座，刘荫增边喝水边向老婆婆介绍自己的工作，边向老人家打听起朱鹮来。不料一提朱鹮（当地叫红鹤），却勾起了老婆婆的伤心往事。

“我家祖祖辈辈居住在周至县，以前村中四处树木成林，家门前、院内树木长得非常茂盛，遮天蔽日。庭前有棵百年有余的大树，经常见到红鹤在上面筑巢，年年春初产卵育雏。这鸟儿十分好看，又有一个吉利的名字，乡亲们都很欣喜，说这鸟儿很吉祥。”老婆婆动情地说，“我丈夫家弟兄虽多，但婆媳子侄及至姑嫂之间相处得非常和睦，家道红火，万事如意，是个兴旺人家。大家都说这是红鹤赐给我家的福。”听到“红鹤”二字，刘荫增屏气息声，静静倾听。

哪知老婆婆却不说了，刘荫增连忙追问红鹤的去向。老婆婆深深地叹了口气：“后来一阵子，说要大炼钢铁，干部们走街串户标征大树，我家红鹤巢树也被选中，我和丈夫苦苦哀求，但大树还是被砍了，眨眼间鸟巢毁了，幼鸟砸在地上死了，红鹤也再没回来。第二年我丈夫就去世了，又遇连年灾荒，亲人们远走他乡。几年后，我儿子吃不饱，劳累过度，害病死了，媳妇也改嫁了，现在身边唯留下这苦命的孙儿。”说起这段伤心的家事，老婆婆一时凝噎。科考队队员们也倍感凄然。

刘荫增安慰了老婆婆后，又给了那个搓麦穗的孩子一块饼干，然后告辞继续前行。当汽车行至周至县另一个村庄时，突然前边冲出一位老人，拦住前行的吉普车，刘荫增一时愕然。下车细问，原来这位老人看到罕见的吉普车，以为村里来了大官，他要拦车告状。老人说，他们家原有的几棵大树之前被人伐了，树上住的就是科考队要找的红鹤，也就是朱鹮。围观的人越来越多，争着看热闹。刘荫增只能耐心解释，同时向他们宣传寻找朱鹮，让大家提供线索。他又拿出饼干、方便面等物品送给乡亲们。

老人说，他们家原来有的几棵大树之前被人伐了，树上住的就是科考队要找的红鹤，也就是朱鹮。

“呵呵，那时的方便面跟现在的不一样，没有什么调料，很简单，跟挂面一样，只不过是熟的，可以干吃或用热水泡着吃。”刘荫增说，自己的工作生活虽然艰苦，但那时候看到偏远乡村的老百姓生活得更贫困。乡亲们从没见过这些东西，闹哄着争抢一番，最后总算说说笑笑地散了。

从老婆婆的家庭悲剧到老人拦车“告状”，都让刘荫增叹息。老婆婆家庭的兴衰与朱鹮的存亡固然没有必然联系，但正是人为肆意的戕害，才造成朱鹮濒临绝境。如果再不引起人们对生态保护的重视，那才是最令人痛心疾首的。

吉普车颠簸着继续前行。刘荫增陷入了长久的沉思中。

在中国的大地上，到底还有没有朱鹮？它们到底在哪里

1980年6月中旬，刘荫增带队深入到西部甘南地区，就在这时，刘荫增得到一条重要的线索。北京的同行告诉他，兰州自然博物馆的一位同志曾在甘东南的康县岸门口看到过朱鹮，此人参加过20世纪70年代初野生动物资源调查。

呢？这样的考察还有没有必要？多少个深夜，刘荫增望着星空无数次地问自己。但不管怎样，考察的脚步不能停，只有把朱鹮的历史分布区全部细致地梳篦一遍，才能得出科学准确的结论。这是刘荫增心中不变的信念。

由于道路短时间内不能疏通，从周至向南的计划不能实现，科考队只得向西挺进。

作为朱鹮科考队的领头人，需要全面而详细地掌握与朱鹮相关的文献，更需要了解最新的动态情况。刘荫增经常保持着与中科院其他同行的通信或电话联系。恩师郑作新也曾告诫他，科研考察不仅要细致严谨，也要有敏锐的洞察力，对任何蛛丝马迹都不要轻易放过。

1980年6月中旬，刘荫增带队深入到西部甘南地区，就在这时，刘荫增得到一条重要的线索。北京的同行告诉他，兰州自然博物馆的一位同志曾在甘东南的康县岸门口看到过朱鹮，此人参加过20世纪70年代初野生动物资源调查。消息虽然可靠，但毕竟时过境迁，现在康县岸门口早已成为繁华的商业区，人来人往，哪里有朱鹮呢？刘荫增觉得，原地寻找朱鹮已不太可能找到。根据恩师郑作新的著作，甘南天水、武都两地区内，有近10个县都属于朱鹮历史分布区的西端所涉及的范围。刘荫增决定以此为根据，有选择地进行实地勘察，从天水、徽县、康县、文县共选出20余个较适于朱鹮栖息的点，展开重点排查。

然而，天公不作美，大雨迫使计划暂时搁浅。甘南一带多条公路因洪水挟带泥沙、石块形成泥石流被堵塞，交通中断。加上河水暴涨，舟楫渡水困难而又非常危险。为了避开天灾，科考队常常需要两三天进行一次转移。

恶劣的天气和交通情况，使科考队队员的情绪异常低落，

刘荫增在野外考察

有人提出撤退到别的地方去。刘荫增此时必须站出来稳定队伍，为大家鼓劲加油。那时他说得最多的话就是："咱们要给人民、给国家一个明确的交代！这个地方既然来了，朱鹮到底有还是没有，必须要实地勘察，要有科学论断。大家不要放弃，要耐心等待，也许希望就在眼前。"

在数百根各色鸟羽中，刘荫增惊喜地发现了朱鹮的两枚初级飞羽。仔细查看，很快又找到了一根飞羽和三根尾羽。

那一刻，刘荫增有一种想哭的感觉。快一年了，这是最好的收获！

不能实地考察，访问调查便成了工作的主要内容。刘荫增把重点放在徽县区域，让科考队队员们分头走访当地村民。但一连十几天，没有朱鹮的任何线索。正在大家焦灼无奈的时候，刘荫增突然带回一个让大家兴奋的消息。

这天，刘荫增来到一家工厂。这家工厂处在一个三面环山的谷口处。刘荫增向工人们宣讲保护鸟类的重要性以及寻找朱鹮的意义。工人中有许多爱好狩猎的，听了刘荫增的话，纷纷拿出他们收藏多年的羽毛给刘荫增看。在数百根各色鸟羽中，刘荫增惊喜地发现了朱鹮的两枚初级飞羽。仔细查看，很快又找到了一根飞羽和三根尾羽。

那一刻，刘荫增有一种想哭的感觉。快一年了，这是最好的收获！

工人们对他的热诚态度、争献羽毛的行为都使他感动，他们都是淳朴的人。可他们对野生动物保护意识的缺乏和任意狩猎造成的后果却使刘荫增异常难受。

“你们什么时候看到过这种鸟？在什么地方？现在还能找到吗？”刘荫增急切地问。

原来，四五年前夏季的一个早上，一名工人在山脚下的水田里见到三只像白鹭的鸟儿，鸟儿羽毛白里透红，非常美丽。鸟儿见有人来，便倏地飞向河边一棵大树上。这名工人蹑手蹑脚靠近大树，举枪射击。鸟儿已有察觉，两只先行飞走，另一只稍稍迟缓，一声枪响，一只鸟儿应声落地。这名工人把鸟儿拎回来，大家都不知道这是什么鸟。鸟肉不好吃，但羽毛好看，因此留下这几根羽毛。以后，这名工人再没有看到过这种鸟儿。

听了工人的叙述，刘荫增心情复杂难言。工人们对他的热诚态度、争献羽毛的行为都使他感动，他们都是淳朴的人。可他们对野生动物保护意识的缺乏和任意狩猎造成的后果却使刘荫增异常难受。

这家工厂有一个数十人的打猎小组，他们热衷在节假日打猎，这已成为一种经常性的娱乐活动。他们没有明确的狩猎对象，遇到什么打什么。这种行为迫使当地原有的靠近人类居住区的野生动物远离人烟，避祸深山，常常忍饥挨饿，受天敌侵害。这样，有些种类的数量随之逐年减少，甚至绝迹。

狩猎者们以血腥和无知的方式对待野生动物，而刘荫增们却正在尽自己最大的努力阻止这一无知行为的发生。刘荫增要求科考队员向当地百姓宣传保护鸟类的知识，让他们懂得保护动物的重要性。

科考队来到山区工厂走访，厂领导、工会、宣传队和保卫单位非常重视。科考队给大家讲解保护野生动物的知识，将保护野生动物的意义和他们所在地区常见的保护动物种类及其形态特征等，一一做了简要的介绍。当刘荫增特别着重谈到朱鹮的形态和保护朱鹮的意义时，一位满脸稚气的年轻工人问："你是怎么看出这五根朱鹮羽毛生长的位置的？"

这一问题引起了猎手们的好奇，急切等待详细的回答。刘荫增便尽可能深入浅出地讲起鸟类知识来。他告诉工人们，鸟的翅膀，一般都生有飞翔用的较长而粗壮的数十根飞羽，生在掌骨指骨上微微向外倾斜的叫"初级飞羽"，倾向身体一侧长在尺骨上的叫"次级飞羽"。朱鹮有九枚初级飞羽，从外向里数第三和第四枚最长，这样不仅可推断出工人们收藏的是第五和第二枚，而且还可知道它是一只当年出生的幼鸟。因为这两枚羽毛的前端各带有一半长及五分之一长的褐色部分，这是幼年朱鹮的标志。

鸟类知识引起了山区工人们的极大兴趣，科考队的宣讲使他们第一次认识到人类与鸟类之间的关系，意识到保护鸟类的重要性。

在徽县找到五根朱鹮羽毛的时候，刘荫增觉得自己离朱鹮很近了。但两个多月的实地勘察，却始终不见朱鹮的踪影。难道朱鹮真的绝迹了？

科考队即将离开这里的那天，一位家住山区的青年工人，兴致勃勃地来到科考队的宿营地，自愿放弃一周的休假，自告奋勇地要为科考队当向导。但考虑到大雨频繁，山路艰险，而且路途漫长，刘荫增没有留下他。临分手时，他一再表示今后再也不会猎杀鸟儿，一旦发现朱鹮，就立即写信告诉刘荫增他们。刘荫增高兴地与这位有了觉悟的工人握手告别。直到科考队的车走远了，他还在山梁上张望。

吉普车里，刘荫增在思索，要是群众都具有保护鸟类的知识和觉悟该有多好啊！看来，必须得发动群众，指导群众。毛主席不是说过吗，群众的力量大啊！

此后，刘荫增一路考察，一路传播朱鹮知识，宣讲保护鸟类的重要性。

在徽县找到五根朱鹮羽毛的时候，刘荫增觉得自己离朱刘荫增没有气馁，他总觉得朱鹮在某个地方等着他们。这是他两年来对朱鹮考察所得到的信息的一种判断。

鹮很近了。但两个多月的实地勘察，却始终不见朱鹮的踪影。难道朱鹮真的绝迹了？刘荫增没有气馁，他总觉得朱鹮在某个地方等着他们。这是他两年来对朱鹮考察所得到的信息的一种判断。在内心深处，他暗暗许下诺言，就是寻遍千山万水，也要找到神奇的朱鹮。

甘南是朱鹮历史分布区的最西端，也就是“朱鹮三角区”的西向顶角区域。刘荫增决定离开这里，向东南方向前行。吉普车里，刘荫增又拿出那五根朱鹮羽毛仔细端详，心中万分不甘。

追寻朱鹮的道路，注定是寂寞而漫长的。这条路上，没有可口的饭菜，没有舒适的大床，没有亲人的陪伴。

苍茫的原野上，陡峭的山崖间，吉普车不知疲倦地前行，身后卷起阵阵尘土。时光在悄悄流逝。

第五章
三渡汉水寻踪迹

满载着野外考察装备的吉普车，一路蜿蜒，颠簸着跨过嘉陵江。

刘荫增率朱鹮科考队从甘肃徽县进入陕西的凤县。此行的计划是沿秦岭南坡留坝、褒河、勉县进入汉中盆地，直到城固、洋县等地。这里也是刘荫增和科考队队员们心生向往的地方。

汉中位于陕西省南部，北依秦岭，南望巴山。汉中是两汉三国文化的主要发祥地，人文历史源远流长，素有“汉家发祥地，中华聚宝盆”的美誉。

汉中盆地气候温暖湿润，年平均气温14～15摄氏度，年降水量800毫米左右，雨量充足，被誉为“鱼米之乡”。

当年，动物学家郑作新把汉中地区作为我国野生动物区系划分的重要地带，因为这里野生动物不仅种类繁多，而且很多还是世界闻名的珍稀物种，如大熊猫、金丝猴、羚牛、各种锦鸡以及娃娃鱼等。因此，汉中盆地又被称为“国宝之府”。

秋季雨水已经到来，汉江水面逐渐上涨。刘荫增带着科考队来到城固县境内汉江的一个渡口，但见当地村民南来北往，一派繁荣。刘荫增几人登上了一艘渡船，艄公看上去60多岁，科考队的装备吸引了老汉——肩背爬山袋，挎着有着长长镜头的照相机，脖子上挂着望远镜，手里拿着画得密密麻麻的地形图，不时用手比画着交谈。

是个憨厚地道的山区人，不时与村民们谈笑着。老汉和刘荫增开始交谈。老汉能讲一口外地人听得懂的普通话，这很不简单。在一个小小的陕南县城，老汉能够如此流利地表达，一定是走南闯北的人吧。

语言相通，加上数次往返摆渡，刘荫增与朴实的艄公老汉熟识起来。科考队的装备吸引了老汉——肩背爬山袋，挎着有着长长镜头的照相机，脖子上挂着望远镜，手里拿着画得密密麻麻的地形图，不时用手比画着交谈。老汉断定这些人与众不同，于是主动地找刘荫增攀谈起来。

得知刘荫增要找一种罕见的鸟，老汉非常热情。科考队将朱鹮的模型和各式照片给老人看。老人仔细看了许久，然后肯定地说："你们沿着那条通向东北的小河，进山里去寻找。我小时候经常看到这种鸟。每年秋初常来河边觅食。近些年不多见了，不过有时也还能看到一两只。这次能不能见到，全靠你们的运气了。这种鸟我们叫'红鹤'，很灵敏，不愿见生人，最好你们多住些日子。等等看，好像几天前我曾见它飞来过。"

1981年的洋县汉江大桥

老汉的话令刘荫增心头陡然一亮。城固一带曾是朱鹮出没的地方，难道朱鹮就在眼前？

接下来的日子，科考队每天沿河岸向山里行走三四十里，全队展开地毯式搜寻。但很遗憾，看到的都是白鹭、苍鹭、夜鹭及少量的池鹭。刘荫增甚至有点怀疑老汉所说的鸟可能是池鹭。因为池鹭脖子上长有棕红色羽毛，是不是老汉分不清池鹭与朱鹮，把它们混为一谈了？刘荫增决定让老汉再确认一次。

回到渡口，刘荫增拿出鸟类图谱，并把池鹭指给老汉看，问他见到的会不会是这种鸟。艄公看后，脸沉了下来，很不高兴地说："你们这些念书人，就知道看书，这种红脖子的鸟多得很！我怎能不认识它？'红鹤'才不是这样子，现在河水太大，它吃不到东西，才不到河上来。你们明年早些来，稻子没封垄时，它最爱到田里去找食吃。"

老人的坚定让刘荫增确信朱鹮曾在这里，但为何不见踪影呢？所有人憋足一口气，继续找。科考队再次展开密集的搜寻，刘荫增要求他们每一条小河都不放过。特别是南郑、洋县等地，科考队先后往返两次，连续20多天奋战，但没有得到任何回报。

老人的坚定让刘荫增确信朱鹮曾在这里，但为何不见踪影呢？所有人憋足一口气，继续找。科考队再次展开密集的搜寻，刘荫增要求他们每一条小河都不放过。特别是南郑、洋县等地，科考队先后往返两次，连续20多天奋战，但没有得到任何回报。

根据恩师郑作新的科考记录，朱鹮喜欢在浅水区觅食，丘陵山区河滩多狭窄，只有低水位期食物才比较丰富，朱鹮才有可能飞来觅食。刘荫增缜密地分析着，现在正是汉江的涨水期，水田内又无水，这里目前已不是朱鹮觅食的理想场所。在这样的秋季，朱鹮为了填饱肚子，不得不扩大觅食范围，也许它们飞到更远的地方找吃的去了。

科考队在汉中一些地方进行了鸟类特别是朱鹮的科普宣传后，已到了1980年的深秋。此时在这里继续寻找数量极为稀少的朱鹮，成功的概率极小。刘荫增决定回京。

“每年3至6月是朱鹮的繁殖期，这段时间朱鹮的活动范围相对来说较小，较小的范围无疑增加了朱鹮的出现频率，活动留下的痕迹必然增多，我们能够发现它们的概率必然随之加大。如果一旦发现了它们的活动迹象，进一步追踪溯源，一举找到它们的栖息地，这事就成了。”

归途同样漫长而艰辛。吉普车在秦岭山中蜿蜒前行，窗外层林尽染的美景已提不起大家的任何兴致，即使行驶在万丈山谷的悬崖边，刘荫增和科考队队员们也早已波澜不惊。两年多了，经历了10多个省区，风餐露宿、跋山涉水地考察了260多个朱鹮分布点，始终没见朱鹮的身影，这怎能不让人失望、疲惫、颓丧。汽车颠簸着，车内的人静默着，渐渐地进入了梦乡，他们太累了。

“一定还要来！”汉江渡船上老艄公的话犹在耳边，惊醒了刘荫增。“是的，汉中决不能放弃。”刘荫增像是自言自语着，也似乎是说给同事们听。

“当时还没找到朱鹮，就认为中国已经不存在野生朱鹮了，若得出这样的结论，我始终觉得心不甘。我一直在想，历史上我国境内的朱鹮一直具有南北迁徙性，若还有大量朱鹮生存的话，就不难被发现。但根据两年多的调查，我认为这种可能性没有了。不过不排除仍可能有极少数的朱鹮在相对较小的范围内过着游荡的生活，成为具有季节性短距离迁移行为的鸟，又被称为局部地区的留鸟。是否有少数不做南北迁徙活动的朱鹮幸存下来，隐居在某一局部地区？这种设想如果成立，根据朱鹮需要到浅水中取食的特点，特别是在早春二三月里，它们为了生存、繁殖后代，更需寻找食物，一般来说它们不大可能选择最北的地方。每年3至6月是朱鹮的繁殖期，这段时间朱鹮的活动范围相对来说较小，较小的范围无疑增加了朱鹮的出现频率，活动留下的痕迹必然增多，我们能够发现它们的概率必然随之加大。如果一旦发现了它们的活动迹象，进一步追踪溯源，一举找到它们的栖息地，这事就成了。”80多岁的刘荫增，至今追溯那段让他备受煎熬的时光，分析严谨，逻辑清晰，令人惊讶，这或许正是学者本色。

洋县华阳古镇

色彩斑斓的洋县风光

汉中蔡侯墓

根据中国朱鹮的历史分布图，西部为顶角，东面为底边，无疑是以这个三角形的高线东段为好。但东部一带是我国经济最发达的地区，人口密度大，工农业发展较快，对生态环境的污染、破坏更加严重，朱鹮显然不会去东部了。看来只能把希望寄托在西部，刘荫增明确了下次的重点考察点。

1981年3月初，北京还是春寒料峭，刘荫增就迫不及待地率科考队再度出征。这次他们直奔河南熊耳山以及湖北西部与四川接壤的大巴山。因为刘荫增查阅资料获悉，我国著名动物学家傅桐生先生在熊耳山进行鸟类考察时，曾在那里发现过朱鹮。

然而，科考队翻山越岭、渡河蹚水，劳碌一个多月，依然没有发现丝毫朱鹮踪迹。

刘荫增不再犹豫，沿汉江而上，旧地重访，进入汉中盆地。他始终牵挂着这个地方。

科考队到达汉中洋县的时候正是4月下旬，秦岭南坡已披着绿装，山野林间花香四溢，正是考察的最佳季节。这已经是科考队第三次进驻洋县了。

科考队到达汉中洋县的时候正是4月下旬，秦岭南坡已披着绿装，山野林间花香四溢，正是考察的最佳季节。

洋县，古称洋州，古城幽静，位于秦岭南坡中段的山脚

洋县境内星罗棋布的溪河湿地成为朱鹮理想的栖息家园

刘荫增之所以认为洋县是最适合朱鹮的生存环境，是有科学依据的。据统计洋县境内有18条汉江的小支流、80多座水库和2000余个池塘，在洋县的中山地带形成了大量的山涧和沼泽，湿地环境中有着朱鹮取之不竭的食物，这里应该是朱鹮比较适宜栖息的家园。

下，南邻汉水，海拔500米左右。该县华阳古镇在历史上是巴蜀通往长安的傥骆古道上的重镇。境内的龙亭则是我国东汉时期造纸术的发明者蔡伦的封地，死后他就葬于此地。

洋县城郊多低山丘陵，耕地面积不大，以生产稻谷为主，特产黑米、香米、红米被誉为洋县的“米中三珍”。北宋诗人苏东坡在洋州品尝米酒后诗兴大发：“洋州出香稻，红糯作佳酿。隔墙千家醉，开坛百里香。”

刘荫增博学多闻，他知道洋县还有一则闻名的典故。北宋年间，四川梓潼人文同（字与可）在洋县任知州，闲来喜欢观竹画竹，时间长了，竹子的形态神韵了然于胸，闭眼亦能把竹子画得惟妙惟肖，风姿潇洒传神，其画竹技艺名噪一时，在北宋画坛独树一帜。文同将画好的《偃竹图》寄给表弟苏东坡，苏东坡看后大加赞许，并回信说文同画竹“必先得成竹于胸中”，后来晁补之也在诗中写道：“与可画竹时，胸中有成竹。”于是，“胸有成竹”流传下来沿用至今。

刘荫增三次到洋县来寻找朱鹮，是否也是“胸有成竹”呢？

刘荫增之所以认为洋县是最适合朱鹮生存的环境，是有科学依据的。据统计洋县境内有18条汉江的小支流、80多座水库和2000余个池塘，在洋县的中山地带形成了大量的山涧和沼泽，湿地环境中有着朱鹮取之不竭的食物，这里应该是朱鹮比较适宜栖息的家园。

刘荫增来到洋县时，村民们正在洋县中山地带耕耙冬水田，准备插秧。按照朱鹮繁殖规律推算，此时朱鹮应该正在育雏。

通过这些年的考察与走访，刘荫增逐渐认识到，生态保护事业的发展与广大群众的参与是分不开的。因此，对野生动物保护工作者来说，搞好科普教育宣传是非常重要的一项工作。刘荫增带领科考队首先开展广泛的宣传，把一些形态生动而典型的朱鹮照片复制成幻灯片，并录制好简要的说明，每进驻一个村镇，便把幻灯片交给当地电影院或电影放映员，请他们在每场电影放映前播放给观众看。这一做法反响非常好，有时电影一散场就有人上门来访，有些意想不到的各类野生动物的消息随之而来。科考队可以根据当地一些与朱鹮伴生的动物的现状，间接地推断出关于朱鹮行踪的蛛丝马迹。

一段时间，洋县掀起一阵集体寻找朱鹮的热潮。朱鹮科考队每到一地，很快就得到当地群众的支持，他们常主动提出担任向导，青少年更是喜欢同科考队员在一起，他们经常围在科考队员周围，问这问那，对鸟类学的知识充满兴趣，热情地把自己看到的有关鸟的情况告诉科考队。

一段时间，洋县掀起一阵集体寻找朱鹮的热潮。朱鹮科考队每到一地，很快就得到当地群众的支持，他们常主动提出担任向导，青少年更是喜欢同科考队员在一起，他们经常围在科考队员周围，问这问那，对鸟类学的知识充满兴趣，热情地把自己看到的有关鸟的情况告诉科考队。

为了不放过一切可能，每有线索，刘荫增都亲自去实地勘察，结果没少跑冤枉路，他见到的都是朱鹮的远亲——鹭科鸟。因这里的多数群众对鹭科鸟分不清，将它们统称“白鹭”。

洋县的湖光山色

刘荫增没有宣布撤离汉中洋县，他要求科考队队员继续做好保护鸟类的科普宣传工作。其实，刘荫增没有向科考队队员讲明他内心真实的想法，他多希望科考队队员们再等等，或者向更深的山林推进，再仔细勘察一遍。

半个月过去了，科考队几乎走遍了洋县的低陵浅溪，但根本没见到朱鹮的身影。

洋县真的没有朱鹮？

此时的刘荫增也开始焦虑起来。洋县是他认为朱鹮最有可能生存的地方，也是他心中最后的希望。难道真的就要得出中国朱鹮已经灭绝这样令人痛心的结论？

刘荫增的耐力已接近崩溃，为时三年的朱鹮考察眼看到期，自己带领科考队把全国朱鹮历史分布点都跑遍了，也没看到朱鹮。无论自己是否愿意接受，事实竟如此残酷。

更让刘荫增心头沉重的是，就在不久前，1981年3月，世界自然保护联盟已经向世人宣布地球上野生朱鹮灭绝的消息。

但刘荫增显然已经具备了杰出科学家应有的成熟心理，他觉得此时气馁、颓丧都不能解决问题，现在需要的是冷静的思考与严谨的分析。

刘荫增没有宣布撤离汉中洋县，他要求科考队队员继续做好保护鸟类的科普宣传工作。其实，刘荫增没有向科考队队员讲明他内心真实的想法，他多希望科考队队员们再等等，或者向更深的山林推进，再仔细勘察一遍。但队员们无论是心理还是身体，早已疲惫不堪。就连当初那辆崭新的吉普车，在颠簸了5万多公里崎岖的山路后，如今也已遍布斑驳伤痕了，仅三年时间，就大修了四五次。多少回，大雨滂沱，它陷进泥泞任凭车轮飞转却不能前进一步；多少次，大雪封山，它滑到悬崖边差点跌进万丈山谷而车毁人亡。

或许刘荫增冥冥中感知到奇迹将会出现，那始终不露身影的神奇鸟儿朱鹮在持久地考验着他的耐心与智慧。

第六章
步步惊心见倩影

追寻朱鹮即将满三年的期限，没能见到朱鹮的踪影，是否该下考察结论？这个问题一直在刘荫增脑海里徘徊。

“通过在全国范围的考察，我认为当时洋县是最适于朱鹮生存的环境。若在这个地方都找不到朱鹮，再根据全国其他地方考察的结果来分析判断，就基本可以断定朱鹮在中国已不存在了。”至今谈到当时没能找到朱鹮时的纠结，刘荫增仍然心潮涌动。

洋县境内发现大量与朱鹮有相似生活习性的鸟儿如苍鹭、白鹭，而为何唯独不见朱鹮呢？刘荫增沉静下来，深入分析。

朱鹮在繁殖季节，必须找大树筑巢，洋县城郊人口密度虽然不太大，可是当时近20年时间里，树木被任意砍伐，林木破坏严重，偶有几棵稍大的树木也多在村口路边，适合朱鹮筑巢的为数不多。同时鹭科鸟类也需要挑选大树来筑巢，苍鹭、夜鹭及白鹭等属当地的优势鸟种，性情又较朱鹮凶猛，且喜群居，性情温顺的朱鹮无法与之争斗为邻。当时，汉水两岸浅山丘陵一带几乎所有适合朱鹮筑巢的大树，都被苍鹭等这些强势的鸟儿霸占。这或许就是为什么在低山丘陵看不到朱鹮的一大科考队不得不做准备，收拾行李向甘肃徽县转移。那里是临近考察期限的最后一站。

心力交瘁的刘荫增病倒了。帐篷外淅淅沥沥下起了雨，科考队队员们的心头阴云迷蒙。

原因。

事实上，农田耕作制的变化对朱鹮的影响也非常大。为了提高单位面积的产量，洋县将原有的冬水田放干，改为先种植小麦或油菜等旱作物，等小麦或油菜收获后再放水种上水稻。人们没想到，耕作制一个简单的改变，导致进入繁殖季节的朱鹮失去了理想的觅食地。

那么，在洋县是否还有保留冬水田耕种方式的地方呢？只要有，那么朱鹮就还有幸存的可能。不能放弃一丝希望！

刘荫增决定继续宣传，发动群众。借助在洋县电影院放电影的机会，刘荫增播放朱鹮的幻灯片，并向群众承诺，谁提供线索找到朱鹮就奖励100元钱。这在当年可是一笔重奖。许多群众都冲着这个重奖前来提供线索。可奔波了一个星期，刘荫增依然没有收获。群众都是把白鹭、苍鹭等鸟误认为朱鹮了。

科考队不得不做准备，收拾行李向甘肃徽县转移。那里是临近考察期限的最后一站。

心力交瘁的刘荫增病倒了。帐篷外淅淅沥沥下起了雨，科考队队员们的心头阴云迷蒙。

昏沉未睡的刘荫增突然听到帐篷外吵吵嚷嚷，“我们找刘科学家，让我们进去。”很快，两个黑影闯进帐篷。刘荫增只得强打精神坐起来。两个农民身披蓑衣，头戴斗笠，赤脚裹泥地站在他面前。

“刘科学家，我看到了你们电影中放的‘红鹤鸟’。我带你去看。我叫何丑旦，他叫何天顺。”

刘荫增和科考队队员被眼前这两个人的举动逗得笑起来。这几天前来报告朱鹮线索的人不少，科考队辛辛苦苦去勘察，但最后都确定不是朱鹮。

何丑旦见刘荫增有些疑虑，便又嚷开了：“真的，我真的看到你们电影中放的那种鸟。不信，你就跟我去看。”说着，就要拉刘荫增走。刘荫增劝他别急，把情况说清楚些。

洋县林业局的姚德山又拿出朱鹮的照片让何丑旦仔细辨认，他瞅了瞅，高兴地大叫起来：“对对对，没错没错。我在金家河山上砍柴看见的‘红鹤’，跟这照片上的一模一样！”

为了不让生病的刘荫增再跑冤枉路，姚德山就说自己跟这两位农民先去金家河看看再回来向刘荫增汇报。

发着烧的刘荫增感激地说：“谢谢你们了。只要找到朱鹮，奖金一定兑现。这样吧，你们再辛苦一趟，去金家河看看那个‘红鹤’还在不在。如果能找到几根朱鹮的羽毛，那就更好了。”

“好嘛，我保证给刘科学家找来。”临走时何丑旦信誓旦旦，他那淳朴憨厚的样子，刘荫增至今还有印象。

第二天下午，姚德山和何丑旦、何天顺三人回到科考队营地，他们果真在金家河找到几根朱鹮的羽毛。

何丑旦把朱鹮羽毛交给刘荫增：“这回你该相信我了吧？”看到真真切切的朱鹮羽毛，刘荫增的心更是在狂跳：难道奇迹真的会在这里出现？

1981年5月18日，由何丑旦、何天顺带路，科考队向洋县北部的秦岭深处进发。刘荫增拄着拐棍，艰难地行进在崎岖不平的山岭上。他一边四处张望，搜寻着朱鹮的身影，一边与何丑旦交谈。

> 1981年5月18日，由何丑旦、何天顺带路，科考队向洋县北部的秦岭深处进发。刘荫增拄着拐棍，艰难地行进在崎岖不平的山岭上。

原来何丑旦和何天顺不仅同族，还是师徒关系。20岁的何天顺拜年长10岁左右的何丑旦为师，学习烧窑技术。那时，农村盖房都需要自家烧制砖瓦，因此，烧窑技术过硬的何丑旦在当地很吃得开，东家请西家接，不愁没活干。师徒二人常年奔走在洋县北部几个乡的村寨，也就耳闻目睹了秦岭山中许多这些田地靠山溪泉水灌溉，因山高浇灌不足，水稻产量很低。朱鹮会迁居这里来栖息吗？它们会在这里获得生存的起码条件吗？刘荫增有些疑惑。

珍奇动物。何丑旦在四郎乡石槽河看到过“红鹤”，前不久又在金家河看到过。直到前几天才听说国务院派人前来寻找什么鸟儿，并且谁发现了还有大笔奖金。何丑旦心想自己也算见多识广了，本地的鸟儿没有自己不认识的，于是就来到县城，先在电影院门口看到了寻找朱鹮的布告，又花了两元钱进去看电影，中间插播朱鹮幻灯片时，何丑旦就嚷开了：“这不就是在八里关金家河看到的‘红鹤’吗？”于是他与徒弟何天顺赶紧找到洋县林业局，林业局的姚德山带他们找到科考队的驻地来见刘荫增。

何丑旦一路上时不时提醒刘荫增关于奖金的事，但最让他兴奋的是刘荫增的那把鸟枪。在自认为与刘荫增熟络了后，他就一再请求自己背着那把枪。他个头较矮，背着枪，卷起裤腿，一路蹦跳的样子很是憨厚可爱。

秦岭横卧在我国的中部，重峦叠峰，气势磅礴。科考队深入山中，只觉与山脚下相比，另有一番景象。这里海拔千米以上，人烟渐渐稀少，除了在山沟小河旁稍宽敞处有居民点外，只有少数的单家独户散居于山谷之中。山体运动形成的很多皱褶和凹陷处，常有一些微小的山间盆地，分散居住的村民就在这里开出一小块一小块的田地。这些田地靠山溪泉水灌溉，因山高浇灌不足，水稻产量很低。朱鹮会迁居这里来栖息吗？它们会在这里获得生存的起码条件吗？刘荫增有些疑惑。

金家河位于洋县县城以北40余里，海拔1200米左右，是个一般的地图上找不见的山间小盆地，东西窄长，蜿蜒曲折，总共有十来户人家，每户相距甚远，各据一处小山环，把房屋建在向阳的山坡上。

已经是傍晚时分，几人来到马道梁，刘荫增举着望远镜焦急地四处观望，不见朱鹮的踪影。

突然，“嘎哇……啊……”空中传来两声粗壮的鸣叫。

“快看，来了！来了！”何丑旦倏地跳起来，一把拽住刘荫增的胳膊，差点拽掉了刘荫增的望远镜。

顺着何丑旦手指的方向，刘荫增看到一只大鸟正从头上掠过。

那两声奇怪的鸣叫是科考队所有人没有听过的，他们都止住了脚步，一只大鸟正从马道梁的另一边飞过，离科考队的距离有七八十米。

“是它，就是它，朱鹮，真的是朱鹮!”那一刻，刘荫增直想哭喊出来。

尽管是一瞬间，但刘荫增断定那就是朱鹮！因为对于刘荫增来说，鹭鸟飞行时头部与脖颈的曲线他太熟悉了，而刚才这只大鸟则不同。夕阳下，那只神奇的鸟儿的翅膀散发着迷人的微红光芒。刘荫增断定，那就是他和同事们三年来寻找的朱鹮！

那两声奇怪的鸣叫是科考队所有人没有听过的，他们都止住了脚步，一只大鸟正从马道梁的另一边飞过，离科考队的距离有七八十米。

“是它，就是它，朱鹮，真的是朱鹮！”那一刻，刘荫增直想哭喊出来。

“没有欢呼雀跃，也没有振臂高呼，也许幸福来得太突然，令所有人措手不及。”回忆起当时见到朱鹮时自己复杂的心情，刘荫增这样描述，“在大喜面前所有人都木然了。多少

刘荫增第一次发现朱鹮

第一次发现朱鹮的金家河

辛酸与苦楚，那一刻瞬间融化，心头的一块大石头，终于被搬走了。”

三年来，没人能够完全读懂刘荫增与科考队队员们内心的煎熬与坚持。在这之前，朱鹮只是印在他们脑海中标本的样子，朱鹮在各种文献中、在照片中、在幻灯片中、在人们的口头传说中。如今终于看到了活着的朱鹮！

三年来，没人能够完全读懂刘荫增与科考队队员们内心的煎熬与坚持。在这之前，朱鹮只是印在他们脑海中标本的样子，朱鹮在各种文献中、在照片中、在幻灯片中、在人们的口头传说中。如今终于看到了活着的朱鹮！

那一刻，刘荫增明白，他可以向世界证明，朱鹮在中国仍然存在。

看着朱鹮在镜头中渐飞渐远，直至消失，刘荫增舍不得放下望远镜。他不由自主地向前迈出脚步，哪知一脚踏空，栽了下去。

众人赶忙把刘荫增扶起来，幸好下面是疏松的泥土，除了腿和胳膊擦破点皮，身体无大碍。

“朱鹮飞到哪儿去了？”刘荫增关心的是朱鹮。

“它往金家河那边飞去了。”何丑旦非常熟悉这里的方位。

刘荫增应声道：“走，去追。”

追？人追鸟儿，能追上吗？众人哑然。

“是的，去追鸟儿。必须找到朱鹮的住巢，查清有多少只朱鹮，任务才算完成。既然已经看到了朱鹮，那就胜利在望。”刘荫增的态度坚决。

这样一说，大家都振作精神，继续向金家河方向赶去。

夜幕降临时分，科考队追赶到金家河。此时，又下起雨来，山路崎岖，泥泞湿滑，科考队决定就地投宿一夜。

何丑旦人比较活泛，找到一户人家借宿。淳朴、善良的庄户人家连忙把科考队员请了进去。一整天跋山涉水，科考队员疲惫不堪，等房主简单安排后，便倒头呼呼大睡了。

刘荫增发现，田坎边除了人的脚印外，不时还能见到鸟兽的足迹，其中有白鹤的爪印，也有喜鹊、乌鸦和红嘴长尾蓝鹊的。

第二天，大雨继续浇灌着宁静的小村庄。科考队无法出行，和房主攀谈起朱鹮。看了照片后房主非常惊讶：“你们走这么远来这儿找‘红鹤’呀！离这儿不远，过河向西3里多路，住在河岸的章老汉家屋后坡上的树上有两只‘红鹤’。”

房主的消息真叫人喜出望外，刘荫增决定立即冒雨前去。此时，正是农忙插秧的季节，山间水田尚未插完秧，水中鱼蚌嬉戏，有些水生昆虫的幼虫浮在水面，光滑的田坎是新近培修的。刘荫增发现，田坎边除了人的脚印外，不时还能见到鸟兽的足迹，其中有白鹤的爪印，也有喜鹊、乌鸦和红嘴长尾蓝鹊的。在这些爪印中，有一些看上去比野鸡、锦鸡的爪子要大，三个前趾合拢，两条趾间夹角处微有一些蹼痕，从爪印大小和形状分析，刘荫增觉得很像朱鹮停歇时留下的痕迹。顺着这些爪印前行，转过两个平坝、一个四方坝，科考队找到了章老汉家。章老汉的三间瓦房建在山坡下，房后大约30度的斜坡上、荆棘之中有五棵大树。

刘荫增想上去打招呼，发现章老汉不在家。科考队沿着屋后小路攀登而上，来到树下。顺着一棵树干向上望去，大约在

15米高的树杈处有一个枯枝建成的篮子状的粗糙巢穴，但巢中没有鸟儿。这是不是朱鹮的巢呢？刘荫增心中的疑问只能找章老汉解答了。

在老乡的帮助下，科考队来到田间，见到了章老汉。老人正在插秧，但毕竟是70岁的人了，只好搬一个长脚凳，坐在田中插，插完一小片移动一下位置再插。

“老大爷！”刘荫增忙上前恭敬地打招呼，说明来意。章老汉很客气，他说昨天还见到“红鹤”在田里吃东西，今早没见到它。

科考队员又问：“屋后的鸟巢是‘红鹤’的吗？”老汉踌躇了一下，简单地回答了一个字“是”，就没有再说话。科考队员随着老汉来到他家中，看见堂屋东墙放着一口新打好的棺材，非常引人注目。攀谈中，得知老汉有两儿一女，都已成家，在城里做事。老汉过不惯城市生活，所以留在村里。当刘荫增试图向章老汉了解朱鹮时，老汉总是闪烁其词，有意回避。无可奈何，科考队员只好告辞。

从章老汉家出来，科考队在山坳涧边各处反复察看。一连两天过去了，仍未见到朱鹮的身影。

第三天，雨过天晴，金家河阳光灿烂。几人分头去寻找朱鹮。

刘荫增来到一片水田边，只见阳光照耀的草丛间，蝶蜂飞舞。颇有兴致的刘荫增开始采集昆虫标本。也不知过了多久，刘荫增抬头，一眼发现前方一块四周围着灌木丛的水田中，一只美丽的大白鸟正在寻觅昆虫。定睛一看——朱鹮！朱鹮！用“激动”“兴奋”这样的词语都不足以形容刘荫增此刻的心情。这是他第一次近距离看到朱鹮，心跳感觉明显加快。但他告诉自己必须冷静，接下来的重要任务是拍摄朱鹮，他知道每

刘荫增抬头，一眼发现前方一块四周围着灌木丛的水田中，一只美丽的大白鸟正在寻觅昆虫。定睛一看——朱鹮！朱鹮！用“激动”“兴奋”这样的词语都不足以形容刘荫增此刻的心情。

这是一只成年朱鹮，非常美丽。它正在异常警惕的状态下寻找着食物，每向前走几步就抬头看看周围的动静，还不时走上田埂昂首向四处张望。

一次快门的闪烁意味着什么——这是中国向世界的证明。

为了不惊动朱鹮，刘荫增先迂回了一段距离，蹑手蹑脚来到山坡上的草丛中，用望远镜静静地观察了一会儿。这是一只成年朱鹮，非常美丽。它正在异常警惕的状态下寻找着食物，每向前走几步就抬头看看周围的动静，还不时走上田埂昂首向四处张望。

刘荫增在慢慢地靠近，仿佛在丛林野战，眼睛死死盯着目标，精神高度集中。"当时，我感觉自己比鸟都紧张，都能听到自己的呼吸声了，生怕它一下飞走了。"

步步靠近，步步惊心。刘荫增决定蹲下来开始拍摄。他轻轻地取出相机，因为距离远，需要更换长焦距镜头拍摄，便伸手在背包中摸了摸。糟糕，刘荫增暗暗叫苦，长焦距镜头放在借宿的房东家里了，身边只有个中焦距镜头，返回驻地去取是不可能的，呼喊其他队员更不可能。当时刘荫增懊悔之心实在难以形容，真恨不得狠狠捶自己几下。

"作为一个具有多年野外考察经验的工作者，怎么能如此疏忽大意！怎么能不随身携带必备的器材？！可以说这与战士上战场忘记带武器一样，真是不可原谅！"刘荫增把这次疏忽作为一生的教训。

悔恨无济于事，刘荫增拿起相机，对准朱鹮，调好焦距，咬住嘴唇，屏住急促的呼吸，快门随之按下——咔嚓——朱鹮被吓了一跳，身体微微一震。在寂静的山沟中，平常很微弱的快门声，此时听来大得惊人。朱鹮警觉地向四周张望了一会儿，走上田埂高处寻找一切可疑的目标和动静，过了好大一会儿，它没有发现险情，便又带着惴惴不安的神情踱步到水田中，继续搜索美食。对于不时发出的相机快门声，朱鹮不安的反应越来越弱了。凭着多年同野生鸟兽打交道的经验，刘荫增

每到3月，朱鹮就到了繁殖期

自信轻微的快门声虽对朱鹮有所惊动，但当它发觉对它没有实质性的伤害时，通常是不会贸然飞走的，它在继续享用佳肴。

为了拍摄到更加清晰的照片，刘荫增必须更靠近朱鹮，每前进一步刘荫增就拍摄一次。刘荫增越来越近了，事实上朱鹮早已觉察到了。但它敏锐的感觉告诉自己，刘荫增不会伤害它，或者对它构成威胁。此时，刘荫增距离朱鹮的直线距离只有30米左右，他们已经开始和平共处了。刘荫增放下肩上所有的东西，轻装上阵，最后干脆站起来拍摄。随着快门的节奏，朱鹮一边舞动着脚步，一边津津有味地享受着美食，似乎在配合着刘荫增的拍摄。

为了拍摄到更加清晰的照片，刘荫增必须更靠近朱鹮，每前进一步刘荫增就拍摄一次。刘荫增越来越近了，事实上朱鹮早已觉察到了。但它敏锐的感觉告诉自己，刘荫增不会伤害它，或者对它构成威胁。

“惊心动魄”的一顿午餐享用完毕，朱鹮展翅向北飞去了。

刘荫增激动而兴奋地回到驻地。

又碰到一件让他震惊的事。他发现那把德国造的双管猎枪不见了，更令他惊慌的是向导何丑旦也不见了人影。不用想，定是何丑旦拿走了枪。这怎么办呢？万一出现什么危险那可不敢想象！他呼唤回科考队队员，大家都不知道何丑旦到哪里去了，刘荫增只能焦急万分地等待。

“还没找到朱鹮在哪儿歇呢？这山里路不好走，还是让我给你们带路吧。我保证听你的话，再也不去打那些雀儿了。”

这真是步步惊心的一天！

直到天黑，何丑旦终于回来，只见他兴高采烈地提溜着几只野鸡。还说自己枪法如何了得，百发百中，这趟收获不小，带几只过来给科学家们吃。眼前的何丑旦，红扑扑的四方脸，看着刘荫增得意地傻笑。

气恼的刘荫增给了何丑旦100元奖金，让他放下枪赶紧离开，今后不许他再碰枪。

“还没找到朱鹮在哪儿歇呢？这山里路不好走，还是让我给你们带路吧。我保证听你的话，再也不去打那些雀儿了。”何丑旦嘟着嘴苦苦哀求，刚才的高兴劲儿全都没了。

刘荫增和队员们被这位憨厚的农民何丑旦搞得哭笑不得。后来几天，何丑旦不请自来，一路追随科考队做向导，替刘荫增背行李。不过何丑旦的主要目的就是扛枪，只要能摸得着刘荫增那把洋枪，他一整天都不知劳累，兴奋不已。

如今，再谈起与何丑旦那段愉快的交往，刘荫增的目光变得柔和起来。因为，就在两年前的冬天，洋县的朋友电话告知他，当年给他提供线索并带路找到朱鹮的何丑旦，因病去世了。

第七章
七只朱鹮的奇迹

其实在1978年，当刘荫增率领朱鹮科考队在各地艰难寻找朱鹮时，还有另一支队伍也在寻找这种神奇的鸟儿。

陕西是朱鹮的历史分布区，因此陕西省林业厅也接到了林业部的命令，要求在陕西省内进行朱鹮调查。于是，由西北大学生物系闵芝兰教授和陈服官教授、陕西省动物研究所的罗时有、陕西省林业厅经营处一位专干和司机张宗省等人组建了陕西朱鹮调查小组，在1978年冬天，开始对陕西朱鹮历史分布点进行摸底调查。

当时西北大学有一个朱鹮标本，于是他们在硬纸板上照样画了一幅朱鹮的图片，大家拿着这张图从潼关开始寻找朱鹮。每到一处，当地县林业局派人和他们一起到有稻田的村庄，询问在田间地头耕作的农民。上点年纪的老人都说好像见过，以前很多，如今没有了。问了一遍又一遍，得到的回答都让人失望。他们连续跑了几趟，在华县、临潼、长安、周至、眉县这些昔日的朱鹮分布区，包括有稻田的县份，都留下了调查小组的足迹，但始终一无所获。

1980年春节刚过，陕西的朱鹮调查小组再次出发，他们

1980年4月，陕西朱鹮调查小组再次来到汉中。他们带着高倍望远镜，在水库、池塘、稻田及周围的树林搜寻，他们看到了许多种水鸟，可是唯独没有发现朱鹮。

从108国道翻越秦岭。刚过秦岭大梁，就见眼前白茫茫一片，佛坪境内被大雪覆盖，天上还飘着鹅毛大雪，道路湿滑，前进十分缓慢艰难。早晨8点从西安出发，直到深夜11点，才赶到洋县，一路上大家忍饥挨饿，热水也喝不上一口。

第二天，陕西朱鹮调查小组会同洋县林业局的工作人员，一起到洋县北部的水库寻找朱鹮。他们在水库边看到了许多苍鹭、白鹭、牛背鹭、夜鹭等水鸟，甚至发现了一只珍稀的黑鹳，可就是没有发现朱鹮的身影。调查小组来到洋县北部的村庄，找到生产大队，当地农民得到通知后纷纷前来，他们围着调查小组带来的朱鹮图片看热闹，都说好像见过，但又说不清具体情形。调查小组不死心，一路向洋县北部进发，来到洋县最北边的华阳镇。一些伐木工人说，以前见过，那种鸟儿胆子小，修路开山放炮，炮声一响，鸟儿就飞走再也不回来了。

洋县北部没有，那么是否会在洋县南部呢？闵芝兰教授带着调查小组又来到洋县汉江岸边，细致搜索了江边的湿地，没有发现朱鹮。大家便坐船到汉江南岸村庄的稻田里寻找，但依然一无所获。调查小组继续向西乡进发寻找，在与安康交界的茶镇，听人说上高川、下高川两个生产队有很多稻田，调查小组赶紧过去。那里一个葫芦状的山沟里，层层叠叠的全是稻田，但他们看到的却只是苍鹭、白鹭在嬉戏觅食。

跑了一个多月，陕西朱鹮调查小组没看见朱鹮，他们沮丧地回到西安。但是他们没有放弃。1980年4月，陕西朱鹮调查小组再次来到汉中。他们带着高倍望远镜，在水库、池塘、稻田及周围的树林搜寻，他们看到了许多种水鸟，可是唯独没有发现朱鹮。这一次，调查小组真的失望至极。从潼关沿着渭河流域的稻田一直寻找到宝鸡眉县，又翻越秦岭来到汉中，朱鹮还是踪影全无。

今天看来，陕西朱鹮调查小组差不多几次都是与朱鹮擦肩而过，因为之后不久，刘荫增就在洋县北部发现了朱鹮。退休多年的张宗省师傅说起当初几次去洋县寻找朱鹮都失之交臂，至今都觉得非常遗憾。他说，那时道路很差，所有人吃尽了颠簸之苦，可是大家依然尽心尽力地寻找朱鹮。教授们拿着朱鹮图片一个村一个村，甚至一个生产队一个生产队去宣传，终于让洋县人明白了“红鹤”就是科学家们要寻找的“朱鹮”。陕西朱鹮调查小组没能找到朱鹮，但他们为宣传爱护动物保护朱鹮做出的努力值得肯定。

差不多在陕西朱鹮调查小组撤离汉中洋县五六天之后，刘荫增带着中科院动物研究所朱鹮科考队第三次来到汉中洋县，几番寻找，终于在金家河水田邂逅朱鹮。刘荫增下定决心，跟踪朱鹮的踪迹，一定要查清朱鹮的栖息地，弄清它们的群体数量及生活状态。

差不多在陕西朱鹮调查小组撤离汉中洋县五六天之后，刘荫增带着中科院动物研究所朱鹮科考队第三次来到汉中洋县，几番寻找，终于在金家河水田邂逅朱鹮。刘荫增下定决心，跟踪朱鹮的踪迹，一定要查清朱鹮的栖息地，弄清它们的群体数量及生活状态。

山里不通公路，许多生活后勤用品只能靠人工供给。多年来在野外一起生活，科考队的同志们早已是甘苦与共、友情笃深了，争挑重担成了野外考察者的作风。刘荫增的任务是在前面跟踪朱鹮，其他同志负责后勤供应。

费了很大的功夫，科考队才将所有器材设备搬到金家河，在朱鹮筑巢大树前的章老汉家借宿。章老汉的大儿子回家探亲，刘荫增便又提出了朱鹮的事儿，这才弄清章老汉回避谈朱鹮的缘由。原来章老汉的三个儿女都已离家十多年了，多次要求老人到城内安度晚年，老人一直不肯去，他的顾虑就是不愿死后被火化。为了消除老人这一后顾之忧，上个月他们家砍倒一棵大树为他造了一口棺材，用的正是那对朱鹮建巢的大树。树倒巢毁，四只雏鸟当即夭亡，那对朱鹮亲鸟悲鸣不已，盘旋多日不忍离去。

刘荫增判断在朱鹮繁殖期没有结束之前，它们是不会离开金家河太远的。根据那只从头上飞过的朱鹮飞走的方位和大比例尺地图上标识的概况，刘荫增决定前往金家河北面一探究竟。

前不久，那对朱鹮又在被伐巢树左边的另一棵大树上重建新巢，这就是现在刘荫增看到的这个空巢。新巢建成初时，朱鹮常常卧于巢中，可近些日子已不见它们来坐巢了。科考队进村的那天，就有人告诉老人："北京来人寻找'红鹤'了!"老汉心中为此闷闷不乐，砍树造成巢毁雏亡，心中非常内疚，所以一直不愿向外界任何人提及"红鹤"一事。

好在朱鹮的巢穴已经确认，刘荫增对其形状、大小、位置、结构特征和材料等各项有关资料进行了搜集和研究。接着，便考虑如何摸清朱鹮近日来夜间的栖息地点了。刘荫增判断在朱鹮繁殖期没有结束之前，它们是不会离开金家河太远的。根据那只从头上飞过的朱鹮飞走的方位和大比例尺地图上标识的概况，刘荫增决定前往金家河北面一探究竟。

徒步跋涉两三个小时，翻过一座高高的山梁，再越过一道山脊。这里海拔1800米左右，山势起伏，蔚为壮观。

下午4时许，刘荫增来到海拔约1200米的一块窄小的山间盆地，只见五六位农民正在溪边几块很小的水田里插秧，上前询问才知道这里名叫姚家沟。刘荫增向他们打听朱鹮的事，大家一时都说不清楚。但村民们对刘荫增拿出的朱鹮模型和彩色照片感到新奇，便聚集在田头争相传看。

野外科学考察人员有一个习惯，就是每到一处必先要眺望地形、地貌以及观察植被情况等。刘荫增正在眺望时，发现远处翻耕过的一块水田中，似乎有一只白色的大鸟。刘荫增心中一扑腾，再一细看，禁不住叫了出来："那不是朱鹮吗？"身边一位20来岁的年轻农民顺着刘荫增手指的方向看了看说："哎，那是只'白鹤'。"

"白鹤?"刘荫增有些惊疑，他知道洋县地方俗称的"白鹤"实际上是白鹭或苍鹭，但它们决不会来这深山之中活动觅食。“它常来你们这里吗?”刘荫增急忙追问。

不想这次得到的回答使刘荫增更为惊愕，青年农民说：“‘白鹤’就住我家屋后的青冈树上，今年还生了三个崽，现在还在窝里呢。”

刘荫增激动坏了，连忙抓住他的手臂，急切地说：“快带我去看看!”青年农民领着刘荫增登上了姚家沟北面的半山坡，转过五间茅屋的左侧，沿着一条羊肠小道走过一块墓地。墓地后山坡上有15棵高大的青冈树。自下而上，从左至右数去，在第五棵大树上约20米高的枝杈处，有一个较大的鸟巢，虽树叶遮蔽，但隐约可见。刘荫增攀着荆棘，顺着山坡登到与鸟巢几乎同等高度的位置，用望远镜瞭望巢中的情景。

这个鸟巢与在金家河发现的大体相同，巢穴里卧着三只褐色雏鸟，细长的喙前端微向下弯曲，正是朱鹮幼鸟!

心潮澎湃的刘荫增大气也不敢出，端起相机连拍了几张照片。就在这时，只听得“嘎哇——”一声，苍翠的青冈树上空，掠过两只白色的大鸟，姿态稳健，翩跹起舞，洁白的羽翼内侧泛着淡淡的朱红。朱鹮!朱鹮亲鸟还巢了。镜头内，两只朱鹮亲鸟正在给雏鸟喂食，它们张开长长的喙，任嗷嗷待哺的

朱鹮！朱鹮亲鸟还巢了。镜头内，两只朱鹮亲鸟正在给雏鸟喂食，它们张开长长的喙，任嗷嗷待哺的孩子掏吃泥鳅、田蛙等美食。多么幸福的一家子！

那一刻，对刘荫增来说，也是最幸福的时刻。

姚家沟的朱鹮

1981年，就是在姚家沟这十几棵青冈树上发现的朱鹮巢穴

姚家沟朱鹮一家

1981年发现朱鹮的洋县姚家沟朱鹮营巢区

孩子掏吃泥鳅、田蛙等美食。多么幸福的一家子！

那一刻，对刘荫增来说，也是最幸福的时刻。

刘荫增在笔记本上飞速记录下这一时刻——1981年5月23日。

三年来，以刘荫增为首的中国朱鹮科考队经过艰苦的“长征”，东西南北纵横跨越11个省区，行程5万多公里，历经千辛万苦，踏遍千山万水，终于在洋县与朱鹮胜利会师！

突然又是几声叫声，刘荫增抬头，只见不远处的空中，又飞来两只朱鹮成鸟，它们停在朱鹮巢树旁边的青冈树上，与原来这对正在喂哺孩子的朱鹮成鸟一阵喧闹，之后它们绕树盘旋几周，便低鸣着飞走了。

刘荫增的心中阵阵惊喜，根据刚才那对朱鹮飞走的方向，刘荫增判断应该是金家河的那对朱鹮。刘荫增立即派一位工作人员连夜赶往金家河核实，最后证实果然正是金家河那对朱鹮。因为它们的孩子夭亡，哀伤的朱鹮父母便时时来姚家沟拜访，它们是来祝贺姚家沟的这一家子的，也是对自己哀伤心灵的慰藉。

自此，刘荫增在中国洋县姚家沟发现了七只野生朱鹮！地标：东经107°37′，北纬33°22′。

退休后的刘荫增仍时常来到动物研究所

当初要是不坚持一下，没能发现这七只野生朱鹮，那今天地球上，朱鹮很可能已经不存在了。这样的结局不堪设想。朱鹮很幸运！呵呵呵，我也很幸运！

1981年5月23日，人们应该铭记这一天！

这一天，刘荫增给了中国一个明确交代，中国给了世界一个肯定答案：中国境内还有野生朱鹮生存！

这是朱鹮的奇迹！洋县的奇迹！中国的奇迹！

这也是大自然馈赠人类的礼物！

三年来，以刘荫增为首的中国朱鹮科考队经过艰苦的“长征”，东西南北纵横跨越11个省区，行程5万多公里，历经千辛万苦，踏遍千山万水，终于在洋县与朱鹮胜利会师！

1981年5月23日，刘荫增追寻朱鹮的征途终于画上了完美的句号。但中国守护朱鹮、拯救朱鹮的长征路，才刚刚开始。

“呵呵呵，总算没有辜负恩师的教诲和动物研究所的期望，没有辜负国家和人民的重托。当初要是不坚持一下，没能发现这七只野生朱鹮，那今天地球上，朱鹮很可能已经不存在了。这样的结局不堪设想。朱鹮很幸运！呵呵呵，我也很幸运！”倚窗凝望，刘荫增斑白的头发透着夕阳的光芒。

给我们题赠了“朱鹮传奇”墨宝后，刘荫增坚持送我们下楼。

我们回身，银杏树下刘荫增正目送我们。一片泛亮的黄叶飘下。

第二篇

人鹮相依度晚霞

摄影　赵纳勋

曾经年少爱追梦
激情年华往前飞
行遍千山和万水
一路走来不能回
蓦然回首岁月远
身不由己在天边
才明白寂寞付出执着追求不后悔
如果你不曾珍爱
你不会懂得朱鹮有多美
当鹮群翱翔
你该知道我是为了谁
所有真心真意爱护
任它雨打风吹
付出的爱总能收回
我已早生华发
喜看鹮舞翩跹惹人醉

——改编自《忘情水》

动与静的旋律（摄影　怀忠）

第二篇

人鹮相依度晚霞

第一章
青春伴着鸟儿飞

还没来得及欣赏“终南阴岭秀，积雪浮云端”的胜景，似乎只眨眼的工夫，秦岭南北就一线穿过。2018年岁末，一场大雪从塞外席卷关中再漫过秦岭，汉中盆地北部的洋县上空玉龙飞舞。

洋县高铁站广场上，大理石镌刻着朱红大字“朱鹮之乡”，两座朱鹮雕塑在雪花中“曼舞”。

“哈哈，欢迎来到朱鹮之乡。很快吧，半小时就到了。要是30多年前，从西安到我们这儿，怎么也得七八个小时呢。”眼前这位中等个子60来岁的陕南人名叫路宝忠，随和、明朗，还有几分儒雅。

洋县宾馆大厅墙壁上，栩栩如生的巨幅朱鹮图颇为吸睛。“朱鹮之乡嘛，得体现朱鹮的元素。”路宝忠句句不离朱鹮。

“没办法，职业习惯。与朱鹮结缘了一辈子。朱鹮是国宝，也是我们洋县的标志，每个洋县人都会不自觉地宣传朱鹮、保护朱鹮。”提起朱鹮就颇为自豪，这位被称为“第一代护鹮人”的路宝忠，两年前才从陕西汉中朱鹮国家级自然保护区管理局副局长岗位退休，正高级工程师。

从当初发现七只朱鹮到现在，拯救朱鹮可以说取得了很大成功，举世瞩目。这离不开一线护鹮观察员和基层科研员、饲养员的辛苦付出，几十年如一日在野外工作，风餐露宿，日夜与朱鹮相伴，那种艰难苦处，真是无法说出。

说到朱鹮，路宝忠总是充满感激

“37年，整整干了37年啊，退下来了。现在也很忙，还是为了朱鹮。呵呵，习惯了。”路宝忠正要讲述自己的护鹮历程，手机响了。

“喂，你几个快点嘛，磨蹭啥呢？快点！快点！”他的嗓门一下子提高，下命令似的，“哈哈哈，他们还得一会儿。”路宝忠说的他们，就是他的几个老同事。

“一言难尽啊，保护朱鹮不是一朝一夕的事，长年累月，一辈子啊。从当初发现七只朱鹮到现在，拯救朱鹮可以说取得了很大成功，举世瞩目。这离不开一线护鹮观察员和基层科研员、饲养员的辛苦付出，几十年如一日在野外工作，风餐露宿，日夜与朱鹮相伴，那种艰难苦处，真是无法说出。”没说几句，路宝忠就眼眶湿润，停了下来。也许他胸中的潮涌，用任何言辞表达，都显得苍白无力。

窗外雪花纷纷。路宝忠的眉宇间，还透着年轻时的几分英气。多少芳华消逝，多少酸甜苦辣的往事，仿佛就在昨天。

37年前的那个夏日，山风掠过秦岭南坡树梢，路宝忠感到无比的爽快，用手抹一把额上的汗水，回头看看身后的三位兄弟，个个气喘吁吁。路宝忠招呼着兄弟们放下铺盖包裹，到树荫下歇一阵子。

6月的盛夏，是一年中万物生长最疯狂的季节，正如这四位20岁刚出头的小伙子，风华正茂。四人中，路宝忠、赵志厚和陈有平三人同岁，只有王跃进小一些。稍显稳重的路宝忠，成了他们的带队大哥。几天之前，路宝忠曾来姚家沟，为兄弟们打过前站。

1981年的陕西洋县，举世瞩目。在洋县林业局工作的路宝忠，当然知道这是为什么。因为5月27日，中国向世界发布，在中国洋县发现了七只濒临灭绝的野生朱鹮。此消息轰动全国，震惊世界。一时间，洋县人纷纷谈论着朱鹮这个神奇的鸟儿，尽管当时很多人还不认识这个“鹮”字，都把这个传说中的美丽鸟儿叫红鹤或者朱鹭。

当时发现朱鹮后，因鹭科类鸟过多（如苍鹭、白鹭、池鹭等），中国鸟类学家郑作新提出改名，最终决定起用“朱鹮”向外发布消息，由此这个神奇的鸟儿有了朗朗上口而美丽典雅的中国名字。

1981年的陕西洋县，举世瞩目。在洋县林业局工作的路宝忠，当然知道这是为什么。因为5月27日，中国向世界发布，在中国洋县发现了七只濒临灭绝的野生朱鹮。此消息轰动全国，震惊世界。

当年1月，从汉中农校中专毕业后的路宝忠被分配到洋县林业局工作，此时正值举国上下掀起抢救保护大熊猫等野生珍稀动物的热潮，为了培养专业人才，洋县林业局派送路宝忠到西北大学生物系进修，学习野生动物保护知识。三个月学习结业后，路宝忠回到林业局岗位。听到朱鹮的消息，路宝忠自然也激动不已。

朱鹮，到底是怎样一种鸟儿，这么珍贵？路宝忠很想一睹芳容。这天，他正与同事们谈论着朱鹮的事，林业局局长杨福娃把他叫到办公室。

路宝忠也是第一次见到这种神奇的鸟儿。此时这只全身长着灰色绒毛的朱鹮幼鸟，颤颤巍巍地在地上跑来跑去，刘荫增说这只小鸟叫“华华”。

“宝忠，你去看护‘朱鹭鸟’吧！局里已经决定，成立一个保护小组，给你配备三员干将。你尽快准备一下。”杨局长不容置疑地说。

“啊？让我去看护‘朱鹭’？”路宝忠觉得有些突然。

“对呀，怎么，不愿意啊？”局长严肃起来。

“不，不是。可我对‘朱鹭’一点也不了解，也不懂，能不能干好？”路宝忠有些手足无措，他感到责任重大。

“那没关系。北京来的刘荫增先生是研究‘朱鹭’的动物学专家，今后会给你们指导，你可要向这位专家多请教多学习。好好干！”

一听说刘荫增先生，路宝忠就迫不及待地想见到这位发现朱鹮的中科院鸟类学专家。

“40出头，瘦瘦高高的，很精神，一看就是文雅的知识分子模样。”说起刘荫增先生，路宝忠满是崇敬。

路宝忠在林业局的一间办公室里见到了刘荫增先生，他还带来一只朱鹮幼鸟。

“啊，‘朱鹭’！”路宝忠也是第一次见到这种神奇的鸟儿。此时这只全身长着灰色绒毛的朱鹮幼鸟，颤颤巍巍地在地上跑来跑去，刘荫增说这只小鸟叫“华华”。

“华华”，还是第一次有人给一只鸟儿取这样的名字。路宝忠觉得刘荫增先生与朱鹮一样神奇，那辆吉普车不知令多少人羡慕，更何况还有那支刻着精美鸟兽图案的双管猎枪。

刘荫增与路宝忠进行了简单的交谈，他要求路宝忠小心翼翼地呵护华华，尽量不让好奇的人们前来惊扰。他说华华不仅珍贵，而且令人十分怜惜。

原来，刘荫增在姚家沟发现朱鹮后，就与科考队队员守护在朱鹮筑巢的那片青冈林下，观察朱鹮的一举一动。这天夜半

刘荫增给路宝忠、陈有平讲授朱鹮知识

时分，刘荫增在巢树下录音，似乎有一件东西从空中落下。刘荫增大惊，是蛇？是鸟？还是其他什么动物在危害朱鹮？他更疑心是否是幼鸟掉下来了。几天来，刘荫增通过观察，发现这对朱鹮亲鸟衔回的食物严重不足，有的幼鸟已经两三天不怎么进食了。刘荫增连忙打着手电，四处找了半天，也没找见什么。但刘荫增心里不踏实，一定要弄个明白，便又去找来几个村民，让大家打着手电分头寻找。最后在一家村民的房后檐沟里，找到了一只饥饿不堪已无力再爬行的朱鹮幼鸟。

听说小朱鹮没吃的，一时间，大人小孩呼啦啦跑下山坡，纷纷下到田里给小朱鹮寻找食物。很快，人们捉来泥鳅、黄鳝、青蛙和田螺等。刘荫增将这些食物切碎，细心地喂给小朱鹮。

刘荫增赶紧将小朱鹮小心翼翼地捧起来，围裹在怀里。“它太虚弱了，得给它喂点东西吃。”刘荫增十分心痛。可是，这大晚上到哪里给它找吃的呢？

终于等到天亮，村里的老百姓和孩子们都来了。听说小朱鹮没吃的，一时间，大人小孩呼啦啦跑下山坡，纷纷下到田里给小朱鹮寻找食物。很快，人们捉来泥鳅、黄鳝、青蛙和田螺等。刘荫增将这些食物切碎，细心地喂给小朱鹮。三天后，在刘荫增日夜精心呵护下，小朱鹮恢复了体力，状态良好。刘荫刘荫增说，华华象征着中华大地上诞生的神圣生命，终有一天，华华能像大鹏一样展翅飞行在中华大地上。

增觉得还是应该把小朱鹮送回巢穴里，让它回到父母身边。

待小朱鹮的父母离开巢穴觅食去了，大家搬来梯子，拿来绳索，费了很大的劲，才齐心协力帮助刘荫增带着小朱鹮爬上了20米高的大青冈树。刘荫增格外小心地把小朱鹮放回巢穴里，等小朱鹮们安静下来后，才艰难地从树上下来。

然而，意想不到的事情发生了。朱鹮爸爸妈妈回来后，却怎么也不认这只小朱鹮了。它们把这只小朱鹮又撵下巢树。再放上，再撵下来。可怜的小朱鹮成了真正的弃儿，它慌乱而无助地叫着，让人心痛不已。

刘荫增只能收留了这只小朱鹮，进行人工喂养，他给小朱鹮取了个名字：华华。刘荫增说，华华象征着中华大地上诞生的神圣生命，终有一天，华华能像大鹏一样展翅飞行在中华大地上。

邻近的村子许多村民得知刘荫增养了一只朱鹮，觉得好奇，都跑来看个究竟。特别是一些小孩子，都喜欢来看华华。刘荫增感到这样下去不行，不仅华华会受到惊扰，而且山里有

20世纪80年代初，刘荫增在洋县观测朱鹮

野狗和老鹰出没，华华的处境也十分危险。为了稳妥起见，刘荫增决定向林业部提议，尽快把华华移居到条件更好的北京动物园人工饲养。于是，刘荫增将华华带下山，来到洋县林业局。刘荫增立即向北京发报，汇报朱鹮保护情况，并申请联络北京动物园。

在等候北京消息的那段日子里，洋县林业局的工作人员分班轮流照看着华华，找来新鲜的泥鳅、青蛙等食物，切碎后喂给华华。

刘荫增先生更是每天穿同一身衣服饲养华华，不让华华觉得陌生。渐渐地，华华与刘荫增亲近起来，每当肚子饿了，它就用细长的喙在刘荫增的怀里拱呀拱的，可爱极了。

1981年6月23日，北京动物园老饲养员王德成来到洋县，华华即将跟随他进京。可此时，华华与它的救命恩人已有一定的感情。临行前，华华望着刘荫增，眼里似乎有几许依赖和无助。那一刻，刘荫增心头一阵酸楚。

华华从洋县深山里的姚家沟，走进了繁华的首都。在北京动物园朱鹮馆里，华华享受到更优越的待遇，很快，它便长得更加健壮俊美。华华是幸运的！

华华从洋县深山里的姚家沟，走进了繁华的首都。在北京动物园朱鹮馆里，华华享受到更优越的待遇，很快，它便长得更加健壮俊美。华华是幸运的！

送走华华以后不久，北京来电，要刘荫增回中科院动物研究所详细汇报洋县发现和保护朱鹮的情况。临走时，刘荫增再次提议洋县林业局必须尽快派专人到姚家沟看护朱鹮，他回北京处理完事情后，会尽快回到姚家沟来观察朱鹮、研究朱鹮。

年轻的路宝忠欣然接受了看护朱鹮的使命，能与自己崇敬的前辈在一起，心中满是兴奋。激情满怀的路宝忠决定自己先去一趟姚家沟，去看看传说中那个神奇的地方，同时也为在姚家沟安营扎寨做些准备。

路宝忠从县城乘班车到了八里关乡，得到通知的大店村村年轻的路宝忠欣然接受了看护朱鹮的使命，能与自己崇敬的前辈在一起，心中满是兴奋。激情满怀的路宝忠决定自己先去一趟姚家沟，去看看传说中那个神奇的地方，同时也为在姚家沟安营扎寨做些准备。

支书张居存早已在那里等候了。从八里关乡到大店村有近20里路，刚下过一场雨，蜿蜒盘行的机耕土道上，一会儿是尺来深的泥塘，一会儿是凹凸不平的硬石块。习惯了徒步行走的村支书在前面不紧不慢地走着，可后面的路宝忠却有些跟不上了，那双崭新的解放鞋和裤脚高挽的腿上早已裹满了泥浆。村支书停下来说："翻过前面那道山梁就到大店村了。"可路宝忠心里直打鼓，这一上午都不知翻过了几座山，转过了几道弯了。村支书总说，快了，快到了。一直到午后两点多才到大店村进山的路口。

"到姚家沟还有十几里山路呢。"稍微歇息了一下，村支书手里拿着一根竹棍，继续在前面带路。听说路宝忠极为害怕山林草丛中的蛇，朴实憨厚的村支书就边走边敲打着山路两旁的灌木杂草，以便将蛇惊走。山路崎岖，时而狭窄陡峭，时而弯曲泥泞。草木繁盛的地方，连路也看不见。

突然，走在前面的村支书停下脚步，一手用竹棍敲着路边的茅草，一手往后护着身后的路宝忠。路宝忠一惊，顺着村支书手中的竹棍一看，一条胳膊粗的大黄蛇窜入远处草丛深处去

八里关乡大店村村口

姚家沟

了。路宝忠的心扑腾扑腾乱跳，村支书一个劲儿说：“别怕别怕，这蛇不咬人的。”路宝忠更担心从树梢上飞蹿出一条蛇来，咬住自己的脖颈。但他不能表现得太胆怯，只得提心吊胆地紧跟在村支书身后。

上了一座山梁，转过一道山弯，眼前开阔起来。山坡上地里的玉米、山弯下田里的秧苗，都泛着青绿，生机盎然。

路宝忠正埋头穿行时，村支书停下来说：“到了，这就是姚家沟。”路宝忠驻足，只见几户人家散落在山弯下，层峦叠嶂中的姚家沟宛若世外桃源。几丘稻田的坡坎上面，一团浓密的葱绿，十几棵青冈大树簇拥着，树冠枝繁叶茂。青冈林间栖息着众多鸟儿，在最上层，能隐约看见一个鸟巢。“你们要保护的‘红鹤’鸟儿就在那棵树上的窝里，这会儿那两只大鸟出去找吃的还没回来。”站在一块稻田边，村支书望着那片青冈林对路宝忠说。路宝忠正想爬上坡到跟前看看，村支书却说：“以后再看吧，天不早了，我们先去看看住的地方。”此时，太阳已落到了山边。

路宝忠围着房子看了一下，只见土墙已经裂开了几道十几厘米宽的裂缝，可谓四处透风，再进屋中，阴暗潮湿，屋顶开了天窗，屋外下雨，屋内淌水，地上凹凸不平。除了厨房中有一个锅台之外，可谓家徒四壁。路宝忠的心头阴郁起来，自己和兄弟们今后就在这里住吗？

顺着小路向东再上了一个坡坎，来到一间屋前。村支书说，这是一户姓姚的人家，已经搬走了，剩下这三间土墙瓦房，给你们住吧。路宝忠围着房子看了一下，只见土墙已经裂开了几道十几厘米宽的裂缝，可谓四处透风，再进屋中，阴暗潮湿，屋顶开了天窗，屋外下雨，屋内淌水，地上凹凸不平。除了厨房中有一个锅台之外，可谓家徒四壁。路宝忠的心头阴郁起来，自己和兄弟们今后就在这里住吗？村支书见路宝忠半天没有说话，便略带安慰地说：“这里只有这条件，临时住一下，你们是国家工作人员，今后单位会安排。”是的，一切都要向前看，来这里的目的就是为了保护珍贵的鸟儿，有什么困难不能克服呢？“只能是这里了，这里离鸟巢不远。”路宝忠驻足远眺，四周层峦叠嶂，路宝忠欢快地吹起了口哨，心儿也随着小鸟飞舞，一切都那样美好。

这样一说，村支书松了一口气。

村支书在田坡上吆喝了几声，不一会儿，就来了几位村民。村支书简单介绍了一下，说是北京来的专家和县上林业局的工作人员要在这里住下保护鸟儿。他吩咐其中一位会木工活的村民赶紧做几张木板床，再准备一张饭桌，若家里有板凳衣柜之类的，也搬几件来。当晚，路宝忠在村支书家里安歇。

第二天，路宝忠与村支书在大店村山口道别，然后独自一人沿着蜿蜒的盘山路向八里关走去。夏日的早晨格外清爽，林间小鸟叽叽喳喳地鸣叫，红腹锦鸡、白冠长尾雉，还有山麻雀、珠颈斑鸠、白脸山雀，那边还有画眉、小黄莺……根据课本知识，路宝忠能认识一些，但此时他顾不得这些，心想今后时间长着呢，跟着刘荫增先生学习吧。驻足远眺，四周层峦叠嶂，路宝忠欢快地吹起了口哨，心儿也随着小鸟飞舞，一切都那样美好。

第二章
村里来了护鹮人

不几天，洋县林业局给路宝忠调配的队员已经到齐，野生朱鹮保护“四人小组”正式成立，路宝忠任组长，另三位便是来自洋县林场的王跃进、赵志厚和陈有平。刘荫增的要求是调配的人员必须年轻、能吃苦，最重要的是能够习惯野外山林的生活。因此，局里认为从林场抽调人员最符合这几个条件。

林业局领导要求队员们立即出发，因为姚家沟那几只朱鹮急需看护，刻不容缓。临行前，局长又对路宝忠嘱咐，要他一定精心保护好鸟儿，同时要求路宝忠带好队，做出榜样。

就这样，路宝忠带着刚认识的三位年轻的队友，背上铺盖，带着锅碗瓢盆，扛上观察器材，向姚家沟进发。为了赶时间，他们先是搭乘了一辆拉木材的卡车，在简易公路上蜿蜒盘行三个小时才到达八里关乡。此时已是中午，太阳毒辣辣地炙烤着大地。好不容易，路宝忠托熟人帮忙才找来一辆手扶拖拉机。于是几人便爬上拖拉机，在尘土飞扬的路上又颠簸了两个小时才到了大店村进山的路口。

此时已是午后3点多了，热浪滚滚，如同蒸笼。四个人灰头土脸地钻入树林小憩，一边饮水，一边拿出干粮当午餐。

路宝忠真有些着急起来，因为上次似乎没有走这么远，现在走了这么远却不见人家。他站在山坡高处四面眺望，群山叠嶂间，印象中的大山弯和姚家沟那几户人家似乎在左前方，而脚下的路却背道而驰了。

“还有多远呀？这都大半天了。”敦实的陈有平有些急躁起来。

望了望远处连绵起伏的山梁，路宝忠故作轻松地说：“从这里进山，还得走十几里山路，翻过对面那道梁，再转一个大山弯就到了。”高个子赵志厚、小个子王跃进听了心里都直发怵，直叫嚷着：“咋还那么远呢，天黑前能到吗？”看看有些偏西的日头，路宝忠胸有成竹地说：“能到，天黑前肯定能到。”说这话时，路宝忠的心里闪过一丝忧虑，他不知道真的到了姚家沟，住进那三间透风的土房里时，这些兄弟们会是什么反应。但随即，路宝忠就招呼兄弟们打起精神，扛起背包，继续赶路。

因为带着行李，相比上次路宝忠跟随村支书进山行走得更慢了。两旁的灌丛荆棘，时不时就挂住了王跃进的被褥包裹，大伙手忙脚乱地拨弄着树藤、杂木开路。爬上一座山梁时，西边的太阳快要落山了。路宝忠真有些着急起来，因为上次似乎没有走这么远，现在走了这么远却不见人家。他站在山坡高处四面眺望，群山叠嶂间，印象中的大山弯和姚家沟那几户人家

坐巢的朱鹮

似乎在左前方，而脚下的路却背道而驰了。“糟了，走错路了。”“啊，怎么搞的？你上次不是来过吗？”陈有平埋怨起来。“别说了，赶紧往回返。”赵志厚显得冷静而理智。路宝忠也只得在心里责怪自己，刚才在一个三岔路口选错了路。

大山里的路一旦走错，就没有捷径可走，只能返回。这一折返，一来一回，就耽误了三个多小时。此时，太阳已经落山，因树木杂草遮掩，山谷里的路很快就看不清了。所幸这回走对了方向，也没有岔路，就不论脚下高低，只管摸索着下到沟底，趁着朦胧月光前行。等路宝忠他们爬上姚家沟村民居住的田畔坡坎时，已是晚上9点了，山里人早已灭灯睡觉了。稻田里阵阵蛙鸣，不远处一户人家的院子里传出几声狗叫，让山村的夜晚显得格外寂静。

顾不上参观自己的新家，更何况黑灯瞎火的，也无法看清将要住的地方是个什么样。大家依然有说有笑，想到明天就能看到那神奇而珍贵的鸟儿，都觉得兴奋而新奇。靠几面墙的角落已摆设了几张简易的木板床，小伙子们铺床展被，筋疲力尽的他们躺下去后，很快就进入了梦乡。

路宝忠与三位伙伴清晨起来，看到的是三间破旧的黑瓦房和一个旧锅台，两只铁锅锈迹斑斑。大伙似乎都明白了什么，可谁也没说一句话。房子里外透风，好在是夏天，倒也清凉。

往日晨曦中，只有七户人家的姚家沟在鸡鸣狗叫声中醒来，屋顶的炊烟袅袅升起，有人扛着犁下河沟，有人牵着牛上山梁。但这天早晨，姚家沟的人们，无论男女老幼，都不约而同地来到路宝忠他们住的房屋前。

路宝忠与三位伙伴清晨起来，看到的是三间破旧的黑瓦房和一个旧锅台，两只铁锅锈迹斑斑。大伙似乎都明白了什么，可谁也没说一句话。房子里外透风，好在是夏天，倒也清凉。此时，路宝忠正带着伙伴们烧水洗漱，烧火做饭。好心的村民将带来的日常用具和蔬菜等往屋里一放。妇女们嘻嘻哈哈说笑，男人们相互交换着旱烟，拄着锄把议论着，小孩子们房前屋后地奔跑着打闹。村民们在昨夜狗叫声中知道了这几位年轻人的到来，淳朴的山里人以这种看新奇的方式，来向这几位年轻人问候。路宝忠一边道谢，一边防备着顽皮的小孩子们，以免他们闹腾着把观察器材弄坏了。村支书来了，几声吆喝，将小孩妇女们赶走，说是不能打扰国家工作人员工作，更不能哄闹，吓坏了青冈树上的宝贝鸟儿，是要犯法的。

一说到鸟儿，路宝忠几个就兴奋起来，要保护的鸟儿究竟是什么样子呢？于是便去青冈树下看看。

几人静悄悄地来到青冈林下，坟地上矗立着几块墓碑，从碑文上看，分别建于清道光及光绪年间，其中一个墓碑上刻有一联："千里来龙归此穴，万代富贵在其中。"看来真是风水宝地，要不然，怎么刚好在这里找到珍贵的朱鹮？再看看这15棵青冈大树，高20余米，粗壮的树干需两人合抱才能围拢，看来这树龄应该超过百年了。洋县北山农村有个风俗，就是生长在坟地上的古木大树，被视为"风水树"，人们一般不会乱砍伐，怕犯了禁忌。正因如此，姚家沟这十几棵古树得以留存，也给朱鹮留下了筑巢的栖息地。青冈林中栖息着十多种鸟儿，朱鹮个体最大，将巢穴筑在从下往上数的第五棵青冈树的最高处，可谓"鹮立鸟群"。因为7月的青冈树枝繁叶茂，从下向上观望，朱鹮巢穴若隐若现。

路宝忠曾听刘荫增吩咐，需要寻找一个合适的观察点，搭建观察棚，以便长期观察朱鹮在巢穴中的生活习性。路宝忠便带着伙伴们上到坡坎的一处平台上，这里略高于树冠，正是观察朱鹮鸟巢的最佳位置，而且这里被树木笼罩，在此搭建观察棚也不会惊扰朱鹮。说干就干，于是几个年轻小伙子，加上几个村民的帮助，一座简易的观察棚很快就搭建好了。

> 一架望远镜伸出棚外，镜头指向那棵巢树，路宝忠眼睛一眨不眨地观察着鸟巢。两只朱鹮幼鸟羽翼未丰，正站在巢中探头张望。只听"嘎哇"一声，一只大鸟进入镜头，这是外出觅食回巢喂雏的成鸟。朱鹮扇动着朱红的羽翅，喂雏时那副喜忧交织的情态，深深地震颤了路宝忠的心灵。

一架望远镜伸出棚外，镜头指向那棵巢树，路宝忠眼睛一眨不眨地观察着鸟巢。两只朱鹮幼鸟羽翼未丰，正站在巢中探头张望。只听“嘎哇”一声，一只大鸟进入镜头，这是外出觅食回巢喂雏的成鸟。朱鹮扇动着朱红的羽翅，喂雏时那副喜忧交织的情态，深深地震颤了路宝忠的心灵。此时，这个年轻的中专毕业生没有料到，这一瞬间，朱鹮优雅的身姿将印在他一生的记忆里。为了保护这几只鸟儿，他和三位伙伴，会将青春的激情投入这一片深山的风雨之中。

就要在这里长期驻扎了，路宝忠觉得应该熟悉一下这里的环境，他爬上姚家沟北面的山梁，四下张望。脚下的姚家沟是呈西北偏东走向、长约5公里、海拔1300多米的狭长山沟。一条小溪从山沟深处流出注入酉水河，沿着小溪零星分布着30多亩冬水田，两侧坡地生长着各种杂木。山深地僻，只有七户人家，散住在沟西头，蜿蜒曲折的羊肠小路将村庄里的各户人家串接起来。

路宝忠发现，姚家沟人口稀少，还保持着半原始状态的自然环境，植被以落叶林和灌木丛混生为主。茂密的树林中，有喜鹊、乌鸦、棕头鸦雀、画眉、银脸山雀、灰头绿啄木鸟、山斑鸠、红腹锦鸡、白冠长尾雉等栖居。

朱鹮之所以能在姚家沟繁衍生息，缘于这里适宜朱鹮生存的三大条件：一有高大的树木，能供朱鹮筑巢；二有冬水田，能给朱鹮提供泥鳅、田螺、青蛙等食物；三有人家，这样朱鹮可以避开凶禽猛兽。

住在沟东头的野生朱鹮保护“四人小组”，成了姚家沟的“第八户”。对于路宝忠他们的到来，村民们认为这是姚家沟的光荣，不仅有“红鹤”吉祥鸟儿，还来了科学家和国家工作人员。于是每天都有村民和小孩来此，觉得这些工作人员很了不起。很快，路宝忠等人便与村民们熟悉起来。于是他们在看护鸟儿的同时，不时地向当地村民宣传朱鹮的珍贵，解释并强调保护朱鹮的重要性。

路宝忠记起刘荫增曾告诉过他，朱鹮之所以能在姚家沟繁衍生息，缘于这里适宜朱鹮生存的三大条件：一有高大的树

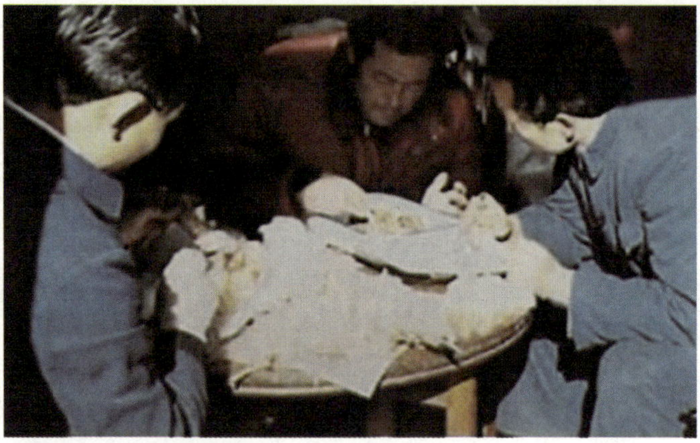

刘荫增（中）、路宝忠（右）、王跃进（左）在整理研究朱鹮观察资料

木，能供朱鹮筑巢；二有冬水田，能给朱鹮提供泥鳅、田螺、青蛙等食物；三有人家，这样朱鹮可以避开凶禽猛兽。正因为朱鹮生存需要高标准的生态环境，一旦生态环境遭到巨大破坏，就会导致朱鹮种群数量锐减直至濒临灭绝。如今，洋县发现的七只朱鹮，有可能是世界仅存的野生朱鹮，不仅中国人惦记着它们，日本人、韩国人等外国人以及世界动物保护组织都在关注着洋县这几只朱鹮！要知道，那时发现的两对成鸟和三只幼鸟，对于一种鸟的种群来说，是多么的弱小和弥足珍贵，在大自然中，任何意外的发生，都有可能带给这个物种灭顶之灾。每想到这里，路宝忠他们就深深感到自己肩负的重任。

然而，年轻人的激情来得快，消逝得也迅速。情绪高涨的他们很快就被严酷的现实浇得透心凉。从那裂开的墙缝和房前屋后的青苔及荒草，他们已经感受到了这深山中的偏僻与穷困。林场来的伙伴们不怕累，也能克服深山野外工作的艰苦。但究竟该怎么保护这几只鸟儿呢？就他们几个人整天在棚里通过望远镜观察朱鹮，抑或是看守在青冈树旁吗？这鸟儿到底要洋县林业局就发布了《关于认真保护世界珍禽朱鹭的紧急通知》，明确提出不准在朱鹮活动区狩猎，不准砍伐朱鹮营巢栖息的树木，不准在朱鹮觅食区使用化肥农药，不准在朱鹮繁殖区开荒、放炮。既然国家规定了政策，就要严格执行，这就是他们的工作。

看护多久呢？

所有的问题，路宝忠无法给伙伴们明确的答案。但路宝忠知道，就在发现七只朱鹮不久的5月27日，洋县林业局就发布了《关于认真保护世界珍禽朱鹭的紧急通知》，明确提出不准在朱鹮活动区狩猎，不准砍伐朱鹮营巢栖息的树木，不准在朱鹮觅食区使用化肥农药，不准在朱鹮繁殖区开荒、放炮。既然国家规定了政策，就要严格执行，这就是他们的工作。

路宝忠带着伙伴们，首先将那座坟茔上的15棵青冈树编号，不能让任何人砍伐；再将朱鹮营巢周边20亩山林划为保护地，禁止伐木、烧炭、开荒等活动；对朱鹮觅食的水田，禁止投放化肥、施用农药；在交通要道口竖宣传牌，画宣传画，张贴朱鹮保护须知。

白天，朱鹮飞到哪里，看护人就要跟到哪里，观察记录朱鹮的活动和觅食情况。晚上，“四人小组”轮班值守在观察棚，用望远镜观察朱鹮。甚至蹲守在鸟巢树下，以防其他动物的侵害。

其实，最初发现的七只朱鹮，一对成鸟在姚家沟青冈树上巢穴里育有三只幼鸟，而另一对朱鹮只是白天有时到这里来做客，晚上并不在姚家沟。通过跟踪观察，这对朱鹮在金家河一处巢穴栖息。因此，路宝忠他们不得不兵分两路，跟踪到金家河去看护观察。

俗话说：“鸟在天上展翅飞，人在地上跑断腿。”山峰河流，悬崖峭壁，朱鹮只要羽翅一展，即可轻盈越过。可人呢，只有两条腿，这可苦了这四位青年。为追踪一只朱鹮，他们要翻过几个山头，越过几道溪河，从这个村子赶到那个村子。太阳快落山了，朱鹮展翅返回，一眨眼就不见了踪影，而等路宝忠他们回到姚家沟驻地，已是满天的星斗。

无论环境多么艰苦，年轻人总是快乐的。回想起过去的岁月，年过花甲的路宝忠已是满眼泪花。

作者（右一、右二）采访朱鹮第一代保护人路宝忠（中）、赵志厚（左）

“我们也长上两只翅膀该有多好！”奔波了一天的王跃进说出天真的话来。

“你若长出了翅膀，也成了珍稀动物，我们该保护你了。”陈有平揶揄他说。几人哈哈大笑起来。无论环境多么艰苦，年轻人总是快乐的。回想起过去的岁月，年过花甲的路宝忠已是满眼泪花。是啊，多少激情与欢乐，都付与了那方山林深处，与朱鹮相伴，风雨无阻，无怨无悔。

第三章
“秦岭一号”保护站

连绵的雨雾笼罩着秦岭南坡，夏季的酷热已悄然消退。山地玉米的苞壳已裂开，梯田中弯垂的谷穗已泛出青黄，姚家沟的秋季已如期而至。野生朱鹮保护“四人小组”的队员们在焦急地期盼着刘荫增的到来。

虽然当地政府以及林业部门领导都先后来到姚家沟，指导过朱鹮的保护工作，但路宝忠他们多么希望北京的专家刘荫增能够再次来到姚家沟，给他们传授科学保护朱鹮的知识。或许刘先生当初只不过是说说而已，京城的知识分子怎么可能到这偏僻的穷山沟来长久生活呢？但路宝忠他们心中仍充满了期待。

路宝忠下了一趟山，除了给林业局汇报工作外，又在县城买了粮油、蔬菜、煤油及手电筒等生活用品，搭便车运送到八里关，再找人用拖拉机拉到大店村进山的路口。然后按约定的时间，山上的弟兄们下山来，将这些东西背着徒步跋涉到姚家沟。不通公路的姚家沟也不通电，照明全凭煤油灯和手电筒。就连牙膏、香烟等日常生活用品，都得走十几里山路到大店村才能买到，大多数用品需要到30里远的八里关乡才能买到，往太阳的余晖洒在姚家沟那片苍翠的青冈树的树冠上，两只朱鹮幼鸟惊奇地站在距巢5米远的树枝上，一只较大的鼓足勇气，不停地扇动翅膀，扇呀扇，终于离枝了，从这一枝飞到了另一枝上，小朱鹮初飞成功了！路宝忠他们激动得快要喊出声来，太惊喜了！

返一趟，需要一整天。

那段日子里，路宝忠他们唯有尽全力保护好朱鹮的安全，观察记录好朱鹮生活的点点滴滴。最让他们高兴的，莫过于看着两只小朱鹮健康成长。

太阳的余晖洒在姚家沟那片苍翠的青冈树的树冠上，两只朱鹮幼鸟惊奇地站在距巢5米远的树枝上，一只较大的鼓足勇气，不停地扇动翅膀，扇呀扇，终于离枝了，从这一枝飞到了另一枝上，小朱鹮初飞成功了！路宝忠他们激动得快要喊出声来，太惊喜了！小朱鹮感到了极大的乐趣，又飞到了另一个树枝上。或许这只小朱鹮想飞得更远一点，可力量有些不支，差点掉下来，但还是稳住了。另一只小朱鹮不甘示弱，拍打着翅膀，跃跃欲试，但双爪始终不敢放开树枝。多么惊心动魄！直到太阳下山，那只试飞成功的小朱鹮才返回巢树。朱鹮爸爸妈妈也已还巢，它们给小朱鹮带回了丰盛的晚餐。

第二天上午，试飞成功的老大飞得更远了些，可喜的是，小朱鹮老二也试飞成功了！它们停在离巢穴不远的树枝上，等候着爸爸妈妈。中午12点过后，两只亲鸟陆续回来，给幼鸟喂食以后，又先后飞走了。看来两只幼鸟食量大增，爸爸妈妈更加辛苦地找食物去了。下午，两只小朱鹮试飞累了，早早地回到巢穴，它们居然还鸣叫了几声，应该是为自己终于可以离开巢穴看到外面的世界而高兴吧！

第三天、第四天，小朱鹮仍在加强飞翔的训练。小朱鹮老大，绕着巢穴所在的青冈树盘旋一周，飞落到附近的稻田边，这是它第一次离开树林，踏上坚实的大地。但它不敢久留，随即又返回青冈树上。

第五天、第六天，小朱鹮已经能够自由地起飞降落，并且已能跟随父母一起飞越树顶，它们优美的身影掠过金黄的稻

路宝忠在观测气象数据

田，多么绝妙的画卷！虽然它们还很弱小，还很稚嫩，没能飞出多远，但它们迈出了关键性的一步，飞翔和觅食是它们一生中至关重要的技能。没多久，两只亲鸟要远飞，小朱鹮仍飞回到营巢的青冈树上。

朱鹮们每个细微的新变化都令人惊喜。也许今天的人们，觉得那些朱鹮观察日记中事无巨细的记录，实在是微不足道，但那些显得有些烦琐而枯燥的记录，一笔一画，一言一语，都是“四人小组”的成员们翻山越岭、风餐露宿换来的成果，为将来朱鹮的研究提供了真实而准确的科学依据。

如今，路宝忠一谈到这些，爽朗的笑声中隐含了多少辛酸与苦楚。“该怎么形容呢？那时，我们每个人，只要发现一点点朱鹮的新变化，或者朱鹮新的生活特征，都会激动不已，有时会惊喜地大叫起来。用后来电视剧中的一句歌词，最能体现我们当时的心境，‘每一个发现，都出乎意料，每一个足迹，都是新感觉，每一次流泪，也都是头一遭’。真是那样，没有日积月累的观察数据，就没有后来的拯救朱鹮的科学措施。”姚家沟的那几只朱鹮承载了太多的期望，因为它们成了恢复朱鹮种群的星星之火。

那些显得有些烦琐而枯燥的记录，一笔一画，一言一语，都是“四人小组”的成员们翻山越岭、风餐露宿换来的成果，为将来朱鹮的研究提供了真实而准确的科学依据。

直到深秋的一个中午，野生朱鹮保护“四人小组”突然得到一个消息，刘荫增先生回来了！这次刘先生除了那支双管猎枪之外，还带了一台发报机以及对讲机，便于队员们巡查朱鹮时相互通报情况，也便于与外界联络。当然还有登山服以及野外露宿的一些必用品。只可惜他那辆吉普车只能长时间停在八里关，这些东西只能靠路宝忠他们背到姚家沟。

山村的夜晚多么寂静，煤油灯下，几个年轻人围着一张木制饭桌，你一言我一语地向刘荫增问个不停。刘荫增介绍了自己回中国科学院动物研究所汇报朱鹮的情形，以及林业部门如国家高度重视中国朱鹮的保护，在中国洋县发现朱鹮，这是洋县人民的骄傲，也是中国人的骄傲。朱鹮跟大熊猫一样，甚至比大熊猫还珍贵。

何高度重视朱鹮的保护工作。他相信朱鹮的保护政策将会进一步落实，国内外动物保护专家、鸟类科学家将会陆续到姚家沟来考察。刘荫增还说，国务委员、国务院副总理谷牧与日本环境省长官鲸冈兵辅共同明确了两国协力拯救朱鹮的意愿。

“国务院知道咱们保护朱鹮吗？”王跃进兴奋地问。

“当然知道啊。国家高度重视中国朱鹮的保护，在中国洋县发现朱鹮，这是洋县人民的骄傲，也是中国人的骄傲。朱鹮跟大熊猫一样，甚至比大熊猫还珍贵。目前只发现了这几只朱鹮，其他地方有没有，还有待进一步搜寻考察。”刘荫增还表示，自己将长期在这里进行朱鹮研究，与路宝忠他们并肩战斗在这山林之中。路宝忠几个人听了顿时欢呼雀跃。

刘荫增不急不躁，解答了几个年轻人各种好奇的问题。渊博的学识和丰富的人生阅历，足以让他解答四位年轻人在工作和生活上的困惑。刘荫增觉得对于这几个年轻人，现在最重要的有两点，一是要千方百计保护好这几只鸟儿，二是要让他们意识到朱鹮的珍贵与保护朱鹮的重要性。

陈有平（前）、王跃进（后）在观测记录气象

刘荫增从朱鹮的历史文化、历史分布，讲到如今朱鹮濒临灭绝的现状、国家及中科院多么重视、自己如何历经三年风雨行程5万多公里才找到野外仅存的这七只鸟儿，以及找到朱鹮这个消息向世界宣布后国际上的反响等等。刘荫增不急不躁，娓娓道来，四个年轻人都听得入迷。

刘荫增一来，四个年轻人就有了主心骨。再听刘先生这么一讲，心里顿时热血沸腾。路宝忠更是听得专心致志，这可是自己崇敬的鸟类学专家在授课。北京来的科学家都能在这山沟住下，自己还有什么困难不能克服呢？保护研究朱鹮，是搞科学研究，没有一点奉献精神，怎么能成就大事呢？路宝忠将刘先生讲的关于朱鹮的知识认真做了笔记，他下定决心，一定要

工作人员在野外观测朱鹮（从左至右：后勤人员、刘荫增、赵志厚、路宝忠、陈有平）

国家高度重视这几只鸟儿，国务院、省林业厅、市政府、县政府，层层机构都明确表示，要不惜一切力量，重点保护好朱鹮。他相信不久上级主管部门就会有更明确的指导方向。至于该怎样保护这几只鸟儿，则是一门大学问，要做的事情太多了。

好好学习，干好工作，给兄弟们带好头。

刘荫增还说，国家高度重视这几只鸟儿，国务院、省林业厅、市政府、县政府，层层机构都明确表示，要不惜一切力量，重点保护好朱鹮。他相信不久上级主管部门就会有更明确的指导方向。至于该怎样保护这几只鸟儿，则是一门大学问，要做的事情太多了。他要这几个年轻人做好在这里长期扎根的准备，把这里当成家。他根据自己这几年在野外寻找鸟儿的经验，要这几个年轻人与本地村民搞好关系，要学会与人打交道的本领。

僻静的姚家沟渐渐热闹起来，因为这几只朱鹮牵动着西安、北京以及国外的许多动物学专家，他们纷纷来到姚家沟考察。路宝忠觉得“四人小组”的驻地需要一个标志，挂一个牌子。可当时也没得到主管部门指示，取个什么名称呢？与刘荫增商量后，路宝忠从当地村民家找来一块木板，在上面先用铅笔描绘，再用红油漆写上“秦岭一号朱鹮群体临时保护站”，木牌就挂在驻地门口。

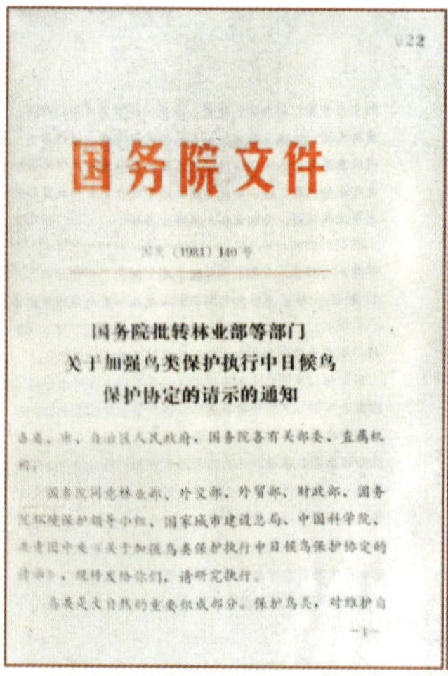
国务院文件

国发〔1981〕140号

国务院批转林业部等部门
关于加强鸟类保护执行中日候鸟
保护协定的请示的通知

各省、市、自治区人民政府，国务院各有关部委、直属机构：

国务院同意林业部、外交部、外贸部、财政部、国务院环境保护领导小组、国家城市建设总局、中国科学院、共青团中央《关于加强鸟类保护执行中日候鸟保护协定的请示》，现转发给你们，请研究执行。

鸟类是大自然的重要组成部分。保护鸟类，对维护自

—1—

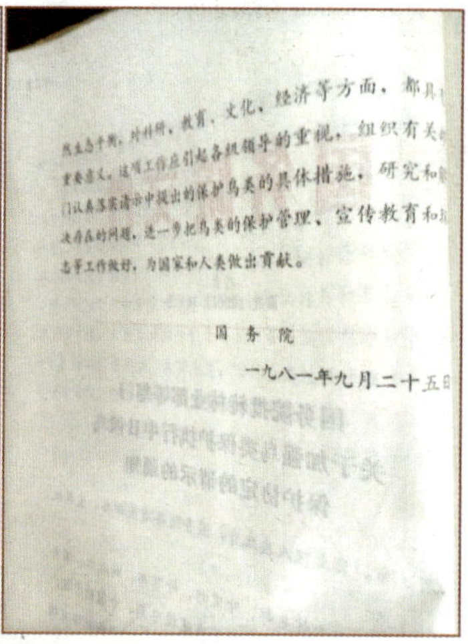
然生态平衡，对科研、教育、文化、经济等方面，都具

重要意义。这项工作应引起各级领导的重视，组织有关

门认真落实请示中提出的保护鸟类的具体措施，研究和

决存在的问题，进一步把鸟类的保护管理、宣传教育和

志等工作做好，为国家和人类做出贡献。

国务院

一九八一年九月二十五日

1981年国务院关于加强鸟类保护的文件

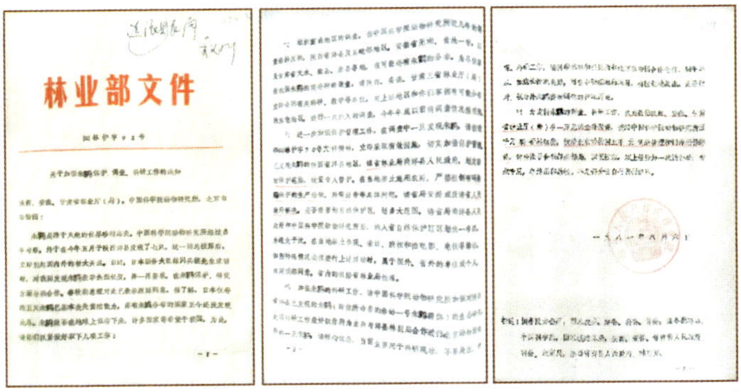
林业部文件

1981年林业部关于加强朱鹮保护、研究的文件

为何取名“秦岭一号”呢？刘荫增说起当初取名的情形，仍然记忆犹新：“当时在姚家沟发现了七只野生朱鹮，但还无法证实其他地方是否也存在朱鹮，因此便将姚家沟野生朱鹮命名为‘秦岭一号朱鹮群体’，保护站命名为‘秦岭一号朱鹮群体临时保护站’，将来若在其他地方发现了，就命名为二号、三号。这是科学的严谨性决定的。”

“秦岭一号朱鹮群体临时保护站”就这样建立了，作为中科院鸟类学研究专家，刘荫增负责技术指导和朱鹮研究，路宝忠成了“秦岭一号朱鹮群体临时保护站”的第一任站长，王跃进、陈有平、赵志厚为保护站队员。姚家沟成了朱鹮保护的前沿阵地，“秦岭一号”的成员们成了朱鹮的卫士。

“秦岭一号朱鹮群体临时保护站”就这样建立了，作为中科院鸟类学研究专家，刘荫增负责技术指导和朱鹮研究，路宝忠成了“秦岭一号朱鹮群体临时保护站”的第一任站长，王跃进、陈有平、赵志厚为保护站队员。姚家沟成了朱鹮保护的前沿阵地，“秦岭一号”的成员们成了朱鹮的卫士。他们每天用望远镜、照相机、录音机和一页一页的笔记，用青春的激情和汗水，忠实地记录着朱鹮的生活，观察总结着朱鹮的生活习性。

那时候，保护站的人几乎是一样的行头打扮，每人脚蹬一双解放鞋，背一个旅行小包，整天爬山坡、跨河坎、钻密林，访查鸟迹，早东晚西，渴饮清泉，饿啃干粮，双眼朝天盯着鸟打转……

工作人员的观察位置与朱鹮更靠近时，100米，60米，50米，朱鹮望了他们几眼，似乎感觉到人们的善意，也就不再惊慌地起飞逃离了，仍旧优雅地踱步、专心地觅食、娴静地梳理羽毛。

朱鹮喜爱在稻田踱步，不时用它的长喙从泥里叼起食物。泥鳅、田螺、青蛙、蝌蚪、河蟹及蚱蜢、蝗虫都是它们的美食。路宝忠他们就匍匐在稻田边、溪流沟畔、山坡树丛里，观察着，记录着。朱鹮每天觅食的时间、地点，食物的种类、数量，全都被观察人员详细记录在册。

通过初步的观察，路宝忠他们发现朱鹮除了在营巢周围的大树上栖息之外，在其他别的地方所栖息的树木基本是固定的。在受到惊吓或是对什么产生警戒时，朱鹮头上的羽毛就会直立起来。工作人员的观察位置与朱鹮更靠近时，100米，60米，50米，朱鹮望了他们几眼，似乎感觉到人们的善意，也就不再惊慌地起飞逃离了，仍旧优雅地踱步、专心地觅食、娴静地梳理羽毛。

“我们的视线里不能没有朱鹮。”性格沉稳的路宝忠说出的话总有带头大哥的感觉。路宝忠也没想到，当年他嘱咐兄弟们的一句话，直到今天，或许在以后更长时间里，依然是秦岭朱鹮保护站工作人员执着坚守的工作准则。

秋去冬来的姚家沟，阴寒湿冷，稻田里的食物已很稀少，朱鹮不得不飞向更远的河流边、溪流畔以及浅滩湿地艰难地觅食，保护站的队员们也只能追寻着它们的踪迹。路宝忠他们和朱鹮们都在苦苦地盼着春天的到来。

第四章
这里春天多美丽

走过那片冬水田，姚家沟的晨曦中，路宝忠发现薄薄的冰凌下，带状的黑色蟾蜍卵似乎有了动静，不由得定睛一看，一团很小的蝌蚪在游动。啊，春天终于来了！山坡上，一簇迎春花柔软的枝条上已洒了几点金黄。

“嘎哇——”一声熟悉的叫声，让路宝忠再次停下了脚步。朱鹮！还是那对朱鹮，就是去年在姚家沟筑巢育子的那对朱鹮。它们回到了坟茔上的那片青冈林。是来察看巢穴的吧，路宝忠这样想。那片青冈林，曾经茂密的叶子早已在深秋里谢落殆尽，虬枝盘曲的枝干上只剩下空空的朱鹮巢穴，在料峭春风中摇曳。

这对朱鹮绕着青冈林飞了数圈，在枝头停息片刻又飞走了。这是1982年2月底的一天。也就是在这个时候，洋县林业局首次组织了在全县30个乡进行的朱鹮大调查。在随后的四五个月里，除了姚家沟发现的这几只朱鹮外，其他地方再没有发现朱鹮的身影。

嫩芽初上青冈树，姚家沟的村民们就已开始了点瓜种豆的春耕，而那对朱鹮也开始忙碌起来，它们用长长的喙衔来短棍这是一个恋爱的季节。朱鹮们已换上婚装，颈背部原先洁白的羽毛已变成了铅灰色，它们整天在筑巢的大树上盘旋，夫妻俩形影不离。

枝丫，抓紧修补它们的巢穴。它们搭建的“窝”比较简陋，外形呈“皿”状。山坡下几丘冬水田里，人们正在播育秧苗。

这是一个恋爱的季节。朱鹮们已换上婚装，颈背部原先洁白的羽毛已变成了铅灰色，它们整天在筑巢的大树上盘旋，夫妻俩形影不离。雄鸟常在雌鸟前鸣叫，炫耀羽毛。它们相互梳理婚装，接喙亲吻，私语传情，芳心荡漾的模样真惹得人顿生爱怜。

当然也有烦心的时候。朱鹮的邻居喜鹊，整天叽叽喳喳不说，居然趁朱鹮觅食去了，就来把朱鹮刚刚叼来筑巢的树棍抽走了。保护站的兄弟们见了，只得将前来捣乱的喜鹊赶走，但总有防不胜防的时候。路宝忠和弟兄们还发现，朱鹮是典型的一夫一妻制，在一般情况下，朱鹮是不会更换配偶的，它们相亲相爱，白头偕老。朱鹮对爱情的忠贞让路宝忠他们赞叹而羡慕，现实中的人们要都是这样，该有多好啊！

去年出生的那两只小朱鹮，如今虽然个头已长大，但朱鹮是性晚成鸟，一般需要成长三年才到繁殖期，因此，刚刚成年的朱鹮羽色还比不上双亲那样洁白美丽，腿和脸部均为褐色。要等到两岁多，才能像父母那样楚楚动人、闪烁生辉。但此时，它们不再与父母一起生活，而是另选了一方田园，自立门户。

阳春三月，草长莺飞。姚家沟的这对朱鹮已产卵四枚，鸭蛋大小，卵壳褐绿色。两只亲鸟一边觅食，一边轮流坐巢孵卵。

此时，刘荫增根据“四人小组”前期对朱鹮的观察信息，给洋县政府提交了观察研究报告和保护对策的初步提案。他在提案中指出：要科学地加强保护、观察、研究，壮大保护队伍，建立行政管理机构；通过报纸、广播、布告激发人们保护朱鹮的热情和爱心；设置朱鹮巡查人员；保护朱鹮巢区的觅食

洋县小学生参加保护朱鹮活动

环境；进行人工幼鸟饲养；搞人工投食；抢救老弱病残个体；等等。刘先生还结合观察保护和姚家沟实际情况，呼吁全社会都向朱鹮伸出救援之手，保护朱鹮、拯救朱鹮！

这些科学提议，后来一个个都得到了实施，为成功保护朱鹮和卓有成效地恢复朱鹮种群数量奠定了科学基础。刘荫增，这位第一个重新发现中国朱鹮的鸟类学科学家，为保护和拯救中国朱鹮做出了杰出贡献！

1982年4月初，陕西省政府发出了开展第一个“爱鸟节”活动的通知。规定4月11日为每年的“爱鸟节”，11日至17日为“爱鸟周”。洋县机关单位、学校首次开展了“爱鸟周”活动，并在全县范围内广泛宣传保护朱鹮、拯救朱鹮。

当地政府对野生朱鹮的保护高度重视，进一步落实了林业部、省林业厅的相关指示，这让路宝忠他们更坚定了做好朱鹮保护工作的决心。这真是一个美丽的春天。

经过两只朱鹮一个月的坐巢孵化，雏鸟破壳而出。刚出壳

刘荫增和路宝忠正在观察朱鹮

经过两只朱鹮1个月的坐巢孵化，雏鸟破壳而出。刚出壳的雏鸟浑身裸露无羽，眼睛不能睁开，更不会站立。依赖亲鸟在巢内喂养，渐渐地，小朱鹮橘红色的腿站了起来，眼睛睁开了，浑身也长出了淡灰色绒羽。

的雏鸟浑身裸露无羽，眼睛不能睁开，更不会站立，依赖亲鸟在巢内喂养。渐渐地，小朱鹮橘红色的腿站了起来，眼睛睁开了，浑身也长出了淡灰色绒羽。

两只亲鸟分别将稻田里的泥鳅、小鱼、青蛙、甲壳类动物以及昆虫，吞进食道的夹袋里，制成半流食，再飞回巢边。亲鸟把嘴张开，最先出壳的雏鸟把喙伸进夹袋里掏食，然后亲鸟再给第二个出壳的雏鸟喂食，然后是第三只……雏鸟吃饱的时候，就会把头低下。亲鸟每次喂食都严格按照这个顺序进行。然而每次轮到最后一只雏鸟吃的时候，亲鸟夹袋里往往已经没有食物了。最后面的雏鸟因为缺少食物，身体会更加瘦弱，甚至最后被亲鸟弃之巢外。

后来的观察数据也证实了一点：一对亲鸟，喂养两只雏鸟是最为理想的，喂养三只就显得吃力了。1985年姚家沟一窝四只雏鸟中的“小四”也遭到遗弃。这种现象再一次证明了自然界中的淘汰法则是多么残酷。

当年5月，姚家沟朱鹮巢穴中成活三只雏鸟，发现食物严重不足后，刘荫增和路宝忠他们，决定在巢树下修建一个人工投放食物的水池。鲜活的泥鳅都是保护站的兄弟们从山下收购，用背篓背进姚家沟的。看着小朱鹮们有了足够的食物而健康成长，“秦岭一号”的护鹮人，个个喜笑颜开，比自己吃了大餐还高兴。

两个月过去，姚家沟的三只小朱鹮试飞成功后，都随父母离巢初飞了，它们应该到大自然中去接受风雨的洗礼。

然而，不幸的消息往往在人们猝不及防的时候传来。

1982年7月17日，一声枪响震惊洋县。国营四〇五厂的工人崔惠仁、黄时忠，在前湾乡老庄村，用猎枪猎杀了一只朱鹮。噩耗传来，刘荫增和“秦岭一号”的护鹮人，个个痛彻心扉，欲哭无泪。真是一个黑色的夏天。

姚家沟仅有的几只朱鹮能够生存下来，可以说是大自然给人类的馈赠，也是朱鹮家族的奇迹，毒蛇、猛禽等各种天敌威胁着它们的生命，而它们还要面临人类的捕杀。

1982年10月6日，洋县人民法院在四〇五厂召开公判大会，依法判处崔惠仁、黄时忠有期徒刑一年。愚昧无知的行为受到了法律的制裁。

加强宣传是保护朱鹮最有效的办法。朱鹮一年中只有在繁殖期才会“安家”居住一段时间，其余多半时间是哪里天黑，就在哪里住宿。这可苦了保护站的队员们，他们白天跟踪鸟儿，离姚家沟远了，只能在附近老乡家里借宿，或者干脆露宿林间野外。

在野外追逐着这几只朱鹮的四个小伙子，已经与姚家沟、大店村和附近村庄的老老少少打成了一片。这是刘荫增乐意看到的，因为他明白，保护朱鹮的工作是长久持续的，需要乡亲

姚家沟仅有的几只朱鹮能够生存下来，可以说是大自然给人类的馈赠，也是朱鹮家族的奇迹，毒蛇、猛禽等各种天敌威胁着它们的生命，而它们还要面临人类的捕杀。

科研工作人员在野外宿营

这是刘荫增乐意看到的，因为他明白，保护朱鹮的工作是长久持续的，需要乡亲们的支持与帮助，需要全民总动员。

们的支持与帮助，需要全民总动员。

高个子赵志厚，凭着自己以前在书本上看到的知识，居然学会了给乡亲们打针。那是在那个年代，读者们可不要责怪我们的赵志厚。在善良淳朴的乡亲们的苦苦劝说下，为人厚道的赵志厚决定冒险一试，给老乡打针。“我也是为了不让乡亲们多走30多里的山路。那都是医生开的药，严格按照医生要求的剂量注射的。第一次，还与老乡签订了生死免责书，我才试着注射的。”如今业已退休的赵志厚，笑起来仍显得那么憨厚。有了第一次，就有第二次，从此村民们打针吃药，头痛感冒，都来咨询赵志厚。

敦实的陈有平有着一副热心肠。村里的柴油机坏了，无法抽水，更无法碾米磨面，姚家沟的村民们只能背着稻谷、小麦，走十多里路去山下加工。那种艰辛，今天的人们是无法体会的。“让我来试一试，或许能修好。”陈有平将柴油机大卸成了几块，在人们疑惑的眼光中，捣鼓得满头大汗。“你到底搞不搞得好？”路宝忠有些责怪陈有平，他担心多事的陈有平把人家的机器搞坏了。陈有平一抹额头，满手的机油把自己涂成了大花脸，众人哄堂大笑起来。“再等一会儿就好了。”陈有平讪讪地笑。过了许久，柴油机轰隆隆地响起来，众人一片欢呼，啧啧称赞。从那以后，姚家沟的柴油机，或是大店村的拖拉机，一旦有什么毛病，就来找陈有平。

年纪最小的王跃进聪明机灵，他也有绝活。自从见了刘荫增的那支双管猎枪后，他就爱不释手，时常端着枪瞄准，像模像样的。村子里的庄稼被野猪糟蹋了，村民们说起这事就深恶痛绝。王跃进听说后，立即兴奋起来，他要拿枪去打野猪。在一番死磨硬缠后，刘荫增给他在枪膛里装了两发子弹，并再三嘱咐要注意安全。王跃进背着枪来到野猪经常出没的田地畔，静静地躲在树荫下的一块石头后面。不多久，野猪果然来了。一只，两只，三只……，有六七只吧，野猪在地里拱得欢，王跃进端着枪瞄准，心里怦怦直跳。“叭”的一声脆响，山谷震动，野猪四散逃窜。而此时，身后的几声欢叫却把躲在石头后面的王跃进吓了一跳。原来，路宝忠和村民们担心王跃进的安全，悄悄跟在他的身后。此时，只见地上躺着两只野猪，还在挣扎，众人一哄而上，抬回野猪。保护站与村民们分了肉，打了顿牙祭。一枪打了两只野猪，人们对王跃进的枪法赞不绝口。从此，王跃进在村子里名声大震。

大山里的趣事总是简单的，人们的欢乐也是那样的短暂。但保护朱鹮的工作却需要每天辛苦的付出与长久的坚持。刘荫增要求对朱鹮的食、住、行进行全方位细致入微的观察，需要大量的数据来分析总结，才能得出科学的朱鹮保护方案。

6月份，朱鹮已过了当年的繁殖期，雏鸟初飞成功后，就跟着父母开始了三四个月的游荡生活。跟踪观察每只朱鹮的活动情况，是队员们每天的必修课。

6月份，朱鹮已过了当年的繁殖期，雏鸟初飞成功后，就跟着父母开始了三四个月的游荡生活。跟踪观察每只朱鹮的活动情况，是队员们每天的必修课。

每个晨曦，朱鹮便在夜宿的枝头舒展几下筋骨，扇动着翅膀，泛着淡淡的朱红，掠过树颠，越过坡坎，在水田、湿地或溪涧觅食。它们的美食除了泥鳅、田螺、黄鳝之外还有双翅目、鞘翅目等水生昆虫。朱鹮觅食比鸭子机灵，姿态比鹭鸶优雅，红脸膛上的那双黑黑的小眼睛特别机警，可准确探寻猎物的行迹，瞅准时机，便以迅雷不及掩耳之势，长喙轻点，轻松捉获猎物，很少失利。相比其他食肉动物或者猛禽而言，朱鹮捕食没那么凶残，它们轻盈而快捷，速战速决，不着痕迹。

吃饱喝足，朱鹮便栖息在近处高大的树梢上晒太阳，啄羽翼，四下张望，抑或去更远的地方飞翔游荡。若大雨滂沱，朱鹮便栖于枝头，很少活动，只是偶尔扇动翅膀，抖落身上的水珠。每到傍黑，朱鹮便飞回夜宿地，站立在高枝上过夜。“秦岭一号”的护鹮人就在附近或者树下守护，秋去冬来四季变化，不变的是他们的坚守。

第五章
风霜雪雨几十秋

“他们来了。”路宝忠说的是赵志厚、陈有平。

“怎么才来？”路宝忠一边责怪他俩，一边给他们发烟，仍是大哥的风范。

“该不是老婆拦住不让走？一辈子都没拦住，现在还拦？”路宝忠开着玩笑逗得大伙开怀大笑。路宝忠坐在中间，双手分别搭在赵志厚和陈有平的肩上。

“如果没有这支强有力的朱鹮保护队伍，没有他们吃苦耐劳、乐于奉献的护鹮精神，中国朱鹮就没有今天这样的辉煌成就，就不会得到国际鹳、鹮、琵鹭专家组主席柯德逊先生的高度赞扬：中国朱鹮保护事业达到了世界领先水平，你们管得好做得好。”每每谈到朱鹮保护事业，素来稳重的路宝忠就非常动情。

路宝忠努力地想平静下来，但说不上几句，胸中的波澜就使他嗓音沙哑，只得停止了叙述。是的，37年的风风雨雨，任何言语都是轻描淡写。

“带来了吗？”路宝忠侧身问赵志厚。

“带来了，就这些。”赵志厚憨厚地笑着。

一张照片上，矮小的木桌摆在土墙瓦房的屋门前，几个年轻人围着检测仪器坐着，做记录，门旁挂着“秦岭一号朱鹮群体临时保护站”的牌子。

洋县朱鹮保护“四人小组”

从赵志厚手里接过一个很旧的相册，路宝忠翻找出几张黑白照片。

“就这么几张，那个时候胶卷很珍贵，都是刘荫增先生从北京带来的，胶卷是拍朱鹮用的，因此给人照得很少。”一张照片上，矮小的木桌摆在土墙瓦房的屋门前，几个年轻人围着检测仪器坐着，做记录，门旁挂着“秦岭一号朱鹮群体临时保护站”的牌子。

刘荫增正在向保护站的工作人员讲解朱鹮

"保护朱鹮，说起来容易，干起来难啊。风里来雨里去，日晒夜露，我们24小时分班轮流看护。这不是一天两天、一月两月。这是长年累月，几十年都是这样。那可是真难熬啊！不过就这么熬过来了，现在看来，确实也干出了成绩。呵呵呵，总的来说，对得起自己的良心，也对得起人民。"

"这个牌子当年就是我亲自写的，哈哈，有意思。你看那个时候赵志厚多年轻，我们现在都老了。"路宝忠说着，又抬头看了一眼坐在旁边的兄弟们。赵志厚笑起来眼睛眯成一条缝，如今他已是满头花白，而陈有平的额上也嵌着几道深深的皱纹。"这个低头看的是陈有平，脸看不清楚。你看那时的王跃进，就是一个小孩子嘛。"老哥们几个又是一阵爽朗的笑声。这笑声，隐藏着多少心酸与苦楚，这笑声，流逝了多少青春与年华。

"保护朱鹮，说起来容易，干起来难啊。风里来雨里去，日晒夜露，我们24小时分班轮流看护。这不是一天两天、一月两月。这是长年累月，几十年都是这样。那可是真难熬啊！不过就这么熬过来了，现在看来，确实也干出了成绩。呵呵呵，总的来说，对得起自己的良心，也对得起人民。"路宝忠的情绪终于又轻松起来。

当年在姚家沟，这几个年轻人最难以忍受的，就是每到晚上，简陋而荒寂的土屋子里，昏暗的煤油灯时明时灭，蚊虫嗡嗡作响。山里的蚊子毒性大，一咬就得起一个大包，又痛又痒。更别说床铺里乱跳的跳蚤，把人折腾得大半夜都合不上眼。

“起初几年，幸好有刘荫增老师与我们在一起，指导我们。他不仅提高了我们对朱鹮的认识，还让我们学习科学文化知识，甚至教我们学习英语。他认为将来终有一天，洋县的朱鹮会走向世界，我们需要提高自己，走出国门，去学习交流。”另一张照片上，朱鹮保护站房屋的外墙上挂了一块简易的木黑板，面对屋檐，矮凳上坐着几个人，坐在前面的一位中年人，正用一根细棍指着黑板上画着的一只朱鹮，身后几位年轻人拿着笔记本，正聚精会神地听着。黑白照片尘封了几十年的岁月，但仍能看出当年他们的勃发朝气。

朱鹮保护站房屋的外墙上挂了一块简易的木黑板，面对屋檐，矮凳上坐着几个人，坐在前面的一位中年人，正用一根细棍指着黑板上画着的一只朱鹮，身后几位年轻人拿着笔记本，正聚精会神地听着。黑白照片尘封了几十年的岁月，但仍能看出当年他们的勃发朝气。

刘荫增在大学学的是气象专业，再加上家学深厚渊博，几个年轻人跟着他学了不少文化知识，英语有了很大提高。“山里面本身人很少，我们几个相互学习、相互促进，能进行简单的英语对话。很可惜后来刘先生回北京了，我们也没能继续坚持下去，慢慢地就把学习荒废了。”说起这些，赵志厚至今都觉得非常遗憾。

照片上，还有一位年轻漂亮的姑娘，她是谁呢？“她姓庞，是从邻近的一个村子里请来的，给我们保护站的人做饭。”路宝忠说，“因为朱鹮四处游荡觅食，晚上又栖息在不同的地方，保护站的人只能兵分几处轮流巡查，也就顾不上做饭了，只能雇人做饭。这个庞姑娘还跟王跃进处了一段时间对象哩。”

朱鹮保护站来了一位漂亮的姑娘，洗衣做饭，样样能干，小伙子们的生活顿时有了生气。几个月后，洞若观火的刘荫增已明白了年轻人的心思，他给庞姑娘和王跃进做起了媒来。刘荫增既关心朱鹮，也关心年轻人的生活，他希望这支年轻的队伍能够长期稳定，朱鹮的保护事业能够长足发展。青春和爱情是多么美好啊！

四个年轻人上山前，只有赵志厚已经结婚成家。赵志厚高中毕业后，曾经在村里当过两年民办教师，随后到林场工作。自从上姚家沟看护朱鹮，他就很少回家。这年春节，赵志厚的媳妇抱着孩子上山来与他一起过年。晚上，睡在透风的屋里，赵志厚的媳妇胆战心惊，因为她听说这山上有很多蛇，担心蛇钻进了被窝。赵志厚安慰她说："这大冷天的，蛇都冬眠了，怎么会到这里来呢？"可他媳妇还是不放心。赵志厚只能起来打着手电筒，四处晃一晃，在床头墙缝跟前照一照。啊！果真一条大黄蛇盘缩在墙根。赵志厚的媳妇抱着孩子一下子从床上跳起来，吓得哭喊起来。赶走了蛇后，一晚上也没睡着。第二天天亮，他媳妇就抱着孩子下山了。

说起这些，赵志厚低下头，他说这辈子最对不起的就是自己媳妇。媳妇在家既要种庄稼，又要抚养孩子，还得照顾老人，身高一米八的赵志厚，常年在深山野外看护朱鹮，一点也帮不上家里。多年来，妻子对他颇有埋怨："他就是上山看朱鹮的大高个，回家种庄稼的矮汉子；只顾朱鹮，不顾老婆娃儿。"

刘荫增心里万分矛盾，姚家沟的朱鹮正在坐巢，他多想亲眼看到三只幼鸟出壳的情景，他多想看着幼小的朱鹮一天天羽翼渐丰，他多想看到小朱鹮试飞成功的那一美丽瞬间。然而，北京家中的老父亲还在病中等着他。

人世间总有一些事情来得那么突然。北京一封电报送到姚家沟，要刘荫增火速回京，他的老父亲病重。啊！真是晴天霹雳！刘荫增心里万分矛盾，姚家沟的朱鹮正在坐巢，他多想亲眼看到三只幼鸟出壳的情景，他多想看着幼小的朱鹮一天天羽翼渐丰，他多想看到小朱鹮试飞成功的那一美丽瞬间。然而，北京家中的老父亲还在病中等着他。自1978年以来，他踏遍万

路宝忠正在向朱鹮投食

水千山，四处寻找朱鹮，再后来又驻扎在秦岭深山中，守护并研究朱鹮，就这样时光已飞逝了五六年，而他仅有的几次回北京，待在家也只有匆匆一两天。他总觉得时间还很多，还有大把时光可以陪伴父亲。可父亲怎么就突然病重了呢？这一切来得让人猝不及防。

刘荫增来不及多想，总得回去看看老父亲。他多么希望父亲能很快好起来，自己还能尽快回到姚家沟。路宝忠将刘荫增送到八里关，挥泪告别。但谁也想不到，刘荫增这一走，就再也没能回到姚家沟来。

风尘仆仆地赶回北京，刘荫增的老父亲已经病危。病床前，刘荫增多希望老父亲还能与他说说话，讲一些名人逸事，他多想老父亲能亲手教他篆刻，再讲讲字画的事情。父亲是金石名家，一肚子的学问和精湛的手艺都还没传给自己，可这一切都来不及了啊！握着父亲渐渐冰凉的手，久久不愿撒开，刘荫增泪水长流。

家有老母，还有妻子儿女需要照顾，刘荫增已无法离开北京了。此时，中科院动物研究所又给刘荫增安排了其他鸟类的从那以后的几十年间，刘荫增一直保持着与路宝忠几人的联系，关心着朱鹮和这几个年轻人的成长，他们之间建立了一种至深的师生情、朋友情。

研究任务。

在北京的刘荫增没有忘记姚家沟，他时时惦记着还没出巢的小朱鹮。他给路宝忠、王跃进他们写信，询问姚家沟的一些情况。姚家沟的来信和拍摄的朱鹮照片，让刘荫增激动不已，他写信提醒路宝忠他们下一步应该注意什么。

从那以后的几十年间，刘荫增一直保持着与路宝忠几人的联系，关心着朱鹮和这几个年轻人的成长，他们之间建立了一种至深的师生情、朋友情。以至于后来路宝忠他们几人的小孩的学习，刘荫增都很关心，时常在北京买些学习资料给他们寄去。而路宝忠他们每到北京出差办事，总会带点洋县的土特产，去看望自己的恩师。如今，他们相互间联系方便多了，用微信相约着下一次相见。

刘荫增走后，在相当长的一段时间里，姚家沟路宝忠他们的心里总是空落落的。但保护朱鹮的工作一刻也不能懈怠。那年夏天，三只雏鸟出壳，全部成活，这让人感到十分欣慰。

但遗憾的是，王跃进与那位庞姑娘最终没能走到一起。

“陈有平是上姚家沟的第二年结的婚。他这个人干活实在，可把苦受够了。当年他是我们四个人中身体最敦实的一个，现在却是一身的病。整个胃切除了一半，都是死过一回的人了，现在大家都叫他‘陈有胃’。”路宝忠说着，转过头又问起陈有平是否还喝酒，劝他烟最好别抽了，言语间充满了对兄弟的关切，又看看自己手中香烟正袅袅，无奈地笑笑，掐灭了。

陈有平，这个沉默寡言的汉子，对人却有着一团火一样的热情。他做事勤快，办事认真，深得同事和乡亲们的赞许。一天，刚吃完饭的陈有平突然腹痛难忍，而且越来越严重，头上的汗珠直往下滚。已有些医学常识的赵志厚见状，觉得情况紧急，决定将陈有平背下山。十几里的山路，当把陈有平背到大店村村口时，赵志厚已经累得快虚脱了。亏得乡亲们的帮助，找来拖拉机，颠簸着把陈有平拉到八里关医疗诊所。初步诊断，是胃出血。经过打针吃药，病情得到缓解。

其实保护朱鹮，是工作分内的事，很平常。我没有什么豪言壮语，只是觉得保护朱鹮责任重大。你想，全世界就只有这么几只朱鹮在我们这里，这是我们洋县人民的骄傲，当然也是中国人的骄傲。

自以为身体没什么大碍的陈有平又上了山。他知道兄弟们轮班在野外巡查朱鹮的工作有多辛苦，他不能缺岗。

从那以后，陈有平的胃一痛起来，就吃点随身携带的药，就这样挺着。直到1990年，陈有平正在野外监护朱鹮，胃病再次发作，吃了药也不见缓解，痛得在地上打滚，直至晕死过去。多亏乡亲们发现，费了不少周折，才把他送到洋县医院，后又转到汉中市医院抢救，胃被切除了一半。那次陈有平差点没能活过来。

“其实保护朱鹮，是工作分内的事，很平常。我没有什么豪言壮语，只是觉得保护朱鹮责任重大。你想，全世界就只有这么几只朱鹮在我们这里，这是我们洋县人民的骄傲，当然也是中国人的骄傲。既然干了这一份工作，我们就得干好。”不苟言笑的陈有平，说起话来很直接，语调也很高亢。

“你根本无法想象，他们长年累月往深山里钻，吃饭都很成问题，有时跑很远的山路，也见不到一户人家，经常饥一顿饱一顿的，胃病就这样得上了。也就是同一年，王跃进也病倒了，在医院躺了一个多月。现在也是一身的病。”路宝忠说得最多的就是最初跟他一起上山的三位兄弟。他们是同事，更是患难与共的兄弟。他们都是普通而可爱的人。

第六章
三岔河观察日记

王跃进姗姗来迟。留着平头，穿着羽绒服的王跃进带着一身寒气。他一边搓着双手，一边对自己的迟到表示歉意。

“他比我们年轻，还没退休，今天还在上班。”路宝忠给王跃进递过去一支烟。

“其实，他只比我们小两岁，只是看起来不显老。”当年姚家沟野生朱鹮保护站的“四人小组”成员中，路宝忠、赵志厚和陈有平三人都相继退休，只有王跃进至今仍在野外追逐着朱鹮。

“也快了，还有几个月就退了。”看起来王跃进比路宝忠他们要年轻很多，谈到退休的话题，眼中似乎有些落寞。

王跃进是1984年4月26日离开姚家沟的，他记得很清楚。那天，站长路宝忠找到王跃进说：“跃进，你到窑坪乡三岔河朱鹮观察点去吧。”四目相对，两人缄默着。还说什么呢？已经决定了，还能改变吗？虽说三岔河刚建点，比姚家沟条件更差，生活会更艰苦，但他最年轻，他不去谁去呢？只是他舍不得离开与他朝夕相处了三年的兄弟们。最后还是王跃进打破了僵局：“我去。”说完这两个字后，眼泪在王跃进的眼眶里打转。

当晚，王跃进就打点行装，背上铺盖卷，与新到的队员雍水生一起离开了姚家沟。这一去，花开花谢，鹮飞鹮归，王跃进在三岔河朱鹮巢区守护了11年。

1984年三岔河朱鹮巢穴地

三岔河属窑坪乡地界，因村北头三条狭沟溪水交汇至此而得名。1984年4月，人们在三岔河发现了朱鹮巢穴。

当晚，王跃进就打点行装，背上铺盖卷，与新到的队员雍水生一起离开了姚家沟。这一去，花开花谢，鹮飞鹮归，王跃进在三岔河朱鹮巢区守护了11年。

王跃进带着新队员雍水生在公路边搭乘一辆拉木材的车，连夜赶到洋县县城以西55公里处的窑坪街。第二天一早，他们从这里步行去三岔河。二人走在这蛇行的崎岖山道上，感觉一会儿好像被山抬上云天，一会儿又好像被云天抛在谷底。山谷里的小红花，还有潺潺泉水，别有一番风景。翻过三道大山梁，爬上一面大坡，再下穿一条山谷，整整走了三个小时才到达三岔河。

王跃进发现三岔河与姚家沟惊人的相似，但这里要开阔些，海拔1100米左右。三岔河的朱鹮也是在一片老坟山上营巢，坟地长着37棵青冈大树，朱鹮的巢筑在林中最高的一棵树上。从树下坟茔墓碑上看，树龄比姚家沟还要久远。这片青冈树林的左侧，是一户人家和一片水田，右侧西沟还有三两户人家和一些水田，下沟较长，有30多户，水田50来亩，农作物和姚家沟一样，以水稻、小麦和玉米为主。

“其实三岔河的这对朱鹮，是从金家河迁徙过去的，也就是刘荫增当年最早在金家河发现的巢穴的那对朱鹮。”金家河最早发现朱鹮，但为什么姚家沟闻名中外呢？王跃进说，这是因为姚家沟朱鹮营巢持续了十年之久，而金家河这对朱鹮命运多舛，经历极为坎坷。

1981年5月，金家河的朱鹮因多种原因导致繁殖未能成功。而在姚家沟，却发现了两只成鸟和三只成活的雏鸟，于是，朱鹮发现地的荣光就落到了姚家沟。但金家河的这对朱鹮没有放弃繁衍生命的努力。

1982年，这对朱鹮又在金家河环坝一棵百年大橡树上筑巢，产卵三枚，没想到大风刮落巢穴，巢毁蛋碎。这对伤心的朱鹮便飞到铁河代家店大队南长沟一家房后，营巢一处，继续产卵两枚，5月中旬出壳，一只雏鸟发育不良死亡，两个月后，朱鹮弃巢而去，另一只雏鸟在迁徙过程中死亡。

1983年春天，这对朱鹮又飞回金家河开始营巢，产卵两枚，但不久又被乌鸦捣毁，这对顽强的朱鹮又补产两枚，但繁殖期推后，繁殖未能成功。三次在金家河繁殖后代都未获成功，这对朱鹮从此永远离开了金家河。

1984年，金家河那对朱鹮飞到了窑坪乡三岔河村营巢。

于是，王跃进来到了三岔河。

“该从哪里说起呢？还是先看看朱鹮观察记录吧。”王跃进拿出一个发黄的记录本，“我们所干的工作，全都记录在本子上了。几十年了，天天如此。这个就是当年刚到三岔河记

王跃进拿出一个发黄的记录本。“我们所干的工作，全都记录在本子上了。几十年了，天天如此。这个就是当年刚到三岔河记的。文化水平低，写得不好。不过都是真实的记录。

的。文化水平低，写得不好。不过都是真实的记录。”

蓝墨水的字迹，每天都有记录，但有些已经被雨水浸染得模糊不清了。

朱鹮观察记录

地　点：窑坪乡三岔河村朱鹮营巢地

记录员：朱鹮保护站　王跃进、雍水生

三岔河村民　左明银、罗有才、史德生

（1984年4月26日）

路宝忠站长接到群众报告，说三岔河发现朱鹮，他指示我们（王跃进和雍水生）赶赴三岔河查看情况。

（4月27日）

昨晚从姚家沟出发赶到窑坪乡。今日一早翻山越岭，蹚河涉涧，在上午10点赶到三岔河左明银家。

中午，在罗有才家门前的水田见到一只朱鹮。朱鹮巢在哪里呢？12点10分，在老坟山靠近水田的一棵青冈树上找到巢了。巢位高低和巢形结构跟姚家沟的朱鹮巢穴相差无几。巢中有幼鸟在攒动，估算应有十来天了。是几只呢？因树干和亲鸟遮掩，我们爬到对面高坡上也看不清。

（4月28日）（内容模糊不清）

（4月29日）

路宝忠从县城赶来。为看清幼鸟，我们选巢树西侧一棵大树，钉上耙钉当爬梯，爬至14米高的枝端，看清巢中有三只幼鸟。我们拍了照片，给这片青冈树编号挂牌，共有37棵，一棵已经枯死，另一棵在半人高的地方被人砍了一圈，刀下留情，树没有死。又看到了四个被砍伐的大树桩。看来，我们再不来照管，这片林子就很难保住了。

（4月30日）

7点20分，亲鸟外出觅食，过了10分钟，飞回来一只，给幼鸟喂食，这只亲鸟共喂食10次，（三只幼鸟分别为五次、三次、两次）。10点43分飞回来的另一只亲鸟，共喂食11次（三只幼鸟分别为五次、四次、两次）。10点51分以后，两只亲鸟开始轮流守巢和觅食。但直到傍晚仍不见外出觅食的亲鸟归来，另一只亲鸟守着巢穴，时而用长喙整理窝草，时而梳理自己或幼鸟的羽毛。它通常边孵卵育雏，边加固扩大窝巢。

（5月1日）（内容模糊不清）

（5月2日）

亲鸟脖子胀胀地回来了，这一次它满载而归。喉咙的夹袋里装着很多幼鸟爱吃的泥鳅、小鱼、青蛙等食物。亲鸟站在巢边，让幼鸟的长喙伸进它嘴里，往外掏食。朱鹮喂食的方法，跟鸽子差不多。科学上把它的行为叫"嗽食"，它嗽给幼鸟的食物沾着一层黏黏的汁液，叫消化酶。幼鸟吃了，营养高，消化好，吸收后变作稀糊状的白色粪便。幼鸟排粪时，屁股向巢外一撅，洒落在巢穴下的枝叶或地面上。朱鹮从小就讲卫生，"家"里是很干净的。

（5月3日）（内容模糊不清）

（5月4日）

三只幼鸟叽叽叽叫着要吃的，争食现象非常突出，之间互相啄打，强弱越来越明显了，强壮的是老大，它总蛮横地从亲鸟嘴里夺食吃，啄得其他两只低下头去，伏在旁边不敢乱动。它吃饱了，或亲鸟不给它吃了，才知趣地站到一边去。每次老二吃饱后，刚轮到老三时，亲鸟就飞走了，老三总是吃不上食，经常耷拉着脑袋处于饥饿状态。

（5月5日）

幼鸟食量有增加，亲鸟外出觅食的频次也增加了。从5点半至20点全天观察，雄雌双鸟共觅食13次，叨柴草10次。它们真辛苦，幼鸟一天天见长，它们却消瘦下去。

（5月6日~8日）（内容模糊不清）

（5月9日）

村里人说，王清保家的狗在水田边追赶朱鹮，险些把一只朱鹮咬伤了。夜里我们去王家，动员他妥善处理，以免咬伤朱鹮惹麻烦。

（5月10日~12日）（内容模糊不清）

（5月13日）

幼鸟中的老大已能在巢沿走来走去，讨要食物了。9点半，一只亲鸟从下沟飞回来，仅喂食两只幼鹮，便匆匆离巢飞走了。10点10分，又飞回一次，喂了三只幼鹮。很明显是食物不足。这一带水田少，泥鳅、田螺、小鱼等食物有限，把亲鸟累死，也难满足三只已和成鸟一般大小的幼鸟的嘴巴所需了。它们间的争食更加激烈，我们很担心，如不及时采取人工投食措施，弱雏就会出问题的。姚家沟就有过教训，北京动物园的那只朱鹮就是因为饥饿才从树上掉下来的。但这里山高路远，运输困难，投食目前只能保证姚家沟，还照顾不到这里，真令人着急。

（5月14日）（内容模糊不清）

（5月15日）

9点半，幼鸟老大和老二，都到离巢三米远的巢枝上活动了。而另一只幼鸟还趴在窝里。强者更强，弱者更弱，我们怕这只幼鸟会被拖垮饿死。父母对孩子们总是公平的。10点20分，一只亲鸟回来，想喂趴在窝里的那只最弱小的幼鸟，但那两只大的不干，跑过来啄这只弱鸟，强行从亲鸟嘴里掏食抢食。15点，这两只幼鸟展肢扇翅几次，它们感到新鲜、惬意、好玩，可那一只仍可怜巴巴地趴在窝里。

（5月16日）

10点，亲鸟外出，两只幼鸟站在巢枝扇翅一会儿，那只弱鸟仍趴在窝里。12点，下起大雨，雾特别地浓，很快罩没了巢区，观察无法持续进行。

17点，雨停。我们赶到巢树下，见一只亲鸟呆呆地站在离巢五米远的树杈上，两只幼鸟在离巢较近的枝端走动。可怎么转换角度观察，镜头里也找不见那只弱鸟了。我们的心一下子抽紧了，它哪儿去了？被天敌吃掉了？还是摔下树了？为弄个明白，我们四下寻找，后来发现它躺在距巢树约三米的地方，头被身子压住，翅膀一边展着。捉起一看，它早已死了，检查无明显创伤。摸嗉囊，瘪瘪的，一点儿食物也没有。我们非常难过。分析致死原因，是饥饿的缘故。在下雨的那段时间里，可能是争食时它被搡下巢树，可能是它弱不禁风被吹落跌下，碰撞致命，还是饿死或病危？

（5月17日）

5点50分，两只幼鸟在枝上来回展翅。一只亲鸟从对面玉米地飞回歇在巢枝上，幼鸟老大扑去要食，亲鸟不理，只是呆呆地站着，好像想着什么心事。一会儿，另一只亲鸟也飞了回来，同样没给喂食，就又飞往上沟去了。枝上的亲鸟低沉地鸣叫了两声，好像在啼唤那只死去的幼鸟。后来，两只亲鸟都在罗家门前的水田里觅食。我们用望远镜仔细观察了约十分钟，没有看到它们啄到一点儿食物，动作迟缓，神情恍惚，与往日大不相同。

亡羊补牢，尚不为晚。山下运来一桶泥鳅。19点，投入朱鹮最爱去觅食的秧田中。

（5月18日）

6点观察，两只幼鸟站在距巢五米的枝上，老大鼓足勇气，初飞成功了。它又飞到另一个树枝上。另一只鸟也扇动着翅翼，但双爪始终不敢放开树枝。18点，这只起飞了的朱鹮从巢树一下飞到8号树上，差点儿掉下来，但还是歇住了。歇了一会儿，又飞到1号树上，到19点才返回巢树。

可爱的小朱鹮，祝贺你今天试飞成功！

（5月19日）

两只幼鸟都停栖在23号树上。12点8分、12点40分、14点半，亲鸟陆续回来喂食。看来投食以后，它们的食物相对充足了。16点，两只幼鸟飞回巢树，还鸣叫了几声。

（5月20日）

14点24分，幼鸟老大，从23号树起飞，绕着1号树盘旋一周，飞进了投食田。这是它第一次离开树林，踏上坚实的大地。但它不敢久留，旋即又返回23号树。

（5月21日）

5点46分，朱鹮全家大小飞进了投食田。幼鸟不离亲鸟左右。6点，两只亲鸟飞往下沟，幼鸟欲追随又不敢远涉，便飞回巢树，在林子里飞来飞去，偶尔停落在近处水田中。

（5月22日）

从9点起，亲鸟携幼鸟在罗家门前的水田里觅食。幼鸟东啄西啄猎食效率很低，跑到亲鸟跟前，叽叽索食，但亲鸟不给。好像在说："孩子，你已长大了，应独立生活了。"

父母对子女既是严格的，又是慈爱的。17点23分，亲鸟怕幼鸟真饿了，给每只幼鸟喂了一遍食。

（5月24日）

10点10分，三只朱鹮在25号树上相互啄打、追逐、鸣叫。一家子怎么吵嘴起内讧了呢？仔细一看，不对呀，是三只大鸟，原来其中有一只是外来鸟。朱鹮的巢域性很强，特别在繁殖期，绝对不欢迎同类来访，更不容许天敌的侵入。斗殴、争吵持续了一个半小时，叫声震荡山谷。外来朱鹮或感到理亏，或寡不敌众，最后沿下沟灰溜溜逃走了。

山沟里恢复了往日的宁静。

（5月25日~27日）（内容模糊不清）

（5月28日）

两只幼鸟随亲鸟开始在巢区周围大范围活动了。

（5月29日~6月2日）（内容模糊不清）

（6月3日）

朱鹮有个习性，幼鸟一旦离巢，就很少再回到巢穴，亲鸟也不再回到巢穴，即便等到下一个繁殖期，他们也很少利用旧巢，所以这些天来，朱鹮只停落在巢树上，但并不回到巢里去。

上午在水田中，幼鸟向亲鸟索食，亲鸟不给。17点50分，在4号树上，幼鸟向亲鸟索食，仍不给。这是亲鸟强迫孩子自己觅食，让它们学会自立。人类父母对待自己的孩子也应该如此啊！

（6月4日）

一条菜花蛇往巢树上爬，被我们用竹竿挑下来，它受惊后，匆匆遁入密林深处去了。

（6月11日）

早晨，四只鸟都在罗家门前的秧田中活动，到9点不见了。中午没有回来，傍黑没有回来，天完全黑了，仍没有回来。

多么生动的记录，若是不经过仔细观察，仅凭想象，如何能写出这样动人的篇章。我们为王跃进对朱鹮真挚的情感而感动。

（6月12日~14日）

接连三天，在三岔河看不见朱鹮的影子，听不到它们的叫声了。

经验告诉我们，朱鹮在三岔河结束了本年的繁殖，飞往更大的天地开始游荡生活了。再见吧，朱鹮！

多么生动的记录，若是不经过仔细观察，仅凭想象，如何能写出这样动人的篇章。我们为王跃进对朱鹮真挚的情感而感动。

王跃进说这样的记录本，他们每人都有十几个甚至几十个。

三岔河的朱鹮离巢后，只是偶尔回来一下，在巢树边盘旋几圈，就飞离了。那年整个冬天，朱鹮没回三岔河。

1985年的初春，距朱鹮回巢繁殖尚有一段时日，王跃进就每天去附近的水田里捕捉泥鳅、黄鳝、青蛙和田螺，投进养殖池里。

“为了朱鹮，请大家帮帮忙吧！”王跃进捕来储存的朱鹮食物毕竟数量有限，便挨家挨户动员三岔河的村民来帮忙。

“哎，为了朱鹮，也难为跃进了，帮帮他吧！”把去年飞来的朱鹮留住，也是三岔河人的心愿，村民们行动了，特别是几个大点儿的学生也加入了这个行列。

一段时间，三岔河常有人去很远很远的水田里，寻找泥鳅和鳝鱼等。没过几天，寂寞了一个冬天的三岔河，响起了久违的朱鹮的鸣叫声。

朱鹮回来了！

村民们纷纷走出房门，观赏旅行归来的朱鹮。

王跃进与雍水生商量，准备在老坟山附近的两块水田，给朱鹮定点投放食物。

当三岔河的山桃花开了的时候，这对朱鹮孵出了四只毛茸茸、嗷嗷待哺的幼鸟。王跃进的心里依然喜忧参半，虽然今年食物比去年更有保障，但不凑巧的是，三岔河连日阴雨绵绵，稻田里的积水更深了，不利于觅食，这两只亲鸟如何养活四个孩子？

能否进行人工助养？

向站领导汇报请示后，王跃进的建议获得批准，他和雍水生用树枝、苞谷秆围成墙，上面盖上塑料布，搭成饲养室。然后冒雨爬上巢树，从窝里将最弱的老四捉下来。那天，是“五四”青年节，王跃进便给这只小朱鹮起名“青青”。

青青开始还不会吃食，雍水生把青青抱在怀里，两手捉住乱扇的一双小翅膀，王跃进掰开鸟嘴，把消过毒的鲜活的泥鳅喂进青青的小嘴里。

青青一天最多吃六次。20多天后，青青就长得有鸡崽那般大了，一称重量达1080克呢。它的羽毛也一天天丰美起来，变成白色，显得精神而英武。

青青开始还不会吃食，雍水生把青青抱在怀里，两手捉住乱扇的一双小翅膀，王跃进掰开鸟嘴，把消过毒的鲜活的泥鳅喂进青青的小嘴里。

“青青很健康，看样子，不会有啥问题。”可早上刚用电台跟站里通报了情况，谁料中午，青青排粪就出现了异常，粪便里有发绿发红的东西。通常来说，朱鹮的粪便呈白色、稀糊状。看来青青生病了。

第二天，兽医来到三岔河。诊断后，给青青服了些药物。

第三天，青青又恢复了原来的健康模样。

没多久，上级指示，青青要送到北京动物园。

6月9日，王跃进忙了大半个晚上，为青青编制了一个精巧别致的竹笼子。10日，青青便被北京动物园的饲养员谢钟和陈金兰带离了三岔河。

王跃进一直把青青送到洋县县城，临别时，他捧着鸟笼，在后来的岁月里，朱鹮一直在三岔河筑巢繁殖，数量逐年增大。三岔河朱鹮，接待过专家和外宾，拍过电影、电视。

看着青青清澈的眼神，这个七尺男儿，流下了感伤的泪水。他在心里默默祝福：青青，祝你一路顺风。

在后来的岁月里，朱鹮一直在三岔河筑巢繁殖，数量逐年增大。三岔河朱鹮接待过专家和外宾，拍过电影、电视。

几多春秋，三岔河朱鹮虽几移其巢位，但终未离开这方乐土，成为比姚家沟持续时间更长、更具战略地位的朱鹮观察、巡护、科研、接待和实验中心。

王跃进一直在三岔河朱鹮观察点，守护观察朱鹮，直到1995年，他被调到纸坊乡朱鹮救护饲养中心。

第三篇

鹮舞神州山水美

摄影　赵纳勋

清晨我站在碧绿的汉江旁
看见朱鹮披着霞光
像一片祥云飞过蓝天
为山村儿女带来吉祥
那是一群神奇的精灵
为人们送来安康
从此山不再寂寞地不再荒凉
美丽的鸟儿掠过村庄

黄昏我站在高高的山冈上
看那朱鹮飞到家乡
像一群仙女飞过秦岭
为天下儿女送来吉祥
那是一群神奇的精灵
在人间尽情飞翔
从此山更加青水更加悠长
幸福的歌声传遍四方

——改编自《天路》

飞翔（摄影　赵纳勋）

第三篇

鹦舞神州山水美

第一章
人人都说朱鹮好

翻阅朱鹮档案，你就不得不为当年发现朱鹮后，全国自上而下发起的全民保护朱鹮的持续行动而震撼。

自1981年5月23日在洋县姚家沟发现七只野生朱鹮后，从国务院，林业部，陕西省委、省政府、省林业厅到洋县县委、县政府、各乡镇，先后连续制定、发布及转发保护朱鹮的条例、禁止砍伐捕猎的法令、植树造林的倡议等各种文件，为保护朱鹮从政策上保驾护航。各级政府也从经济上大力支持朱鹮保护事业。从政府，到普通大众，从各机关、各单位到个人，都行动起来。那真是一个激情澎湃的年代！

1981年5月27日，洋县人民政府发出《关于认真保护世界珍禽朱鹮的通知》，在朱鹮活动区禁止开矿、狩猎、砍伐林木。

6月5日，洋县林业局派野生朱鹮保护“四人小组”专职看护朱鹮。

8月6日，林业部发布《关于加强朱鹮保护、调查、科研的通知》，随后国务院转发林业部关于保护大熊猫、朱鹮等珍稀动物的通知，正式上升到国家层面来保护、研究朱鹮。

10月，日本环境省长官鲸冈兵辅同中国国务委员谷牧共同确定了两国协力拯救朱鹮的友好意愿。

在国家林业部、陕西省林业厅的支持下，洋县人民政府正式批准建立“洋县朱鹮保护站”，属于行政事业单位，编制五人。

1982年2～6月，洋县林业局首次组织了县内30个乡为期四个月的朱鹮调查。

4月，陕西省人民政府发出开展第一个“爱鸟节”的活动通知。规定4月11日为每年的“鸟节”、11～17日为“爱鸟周”。

1983年2月，陕西省人民政府办公厅转发省林业厅《关于加强朱鹮保护工作报告》。

3月14日，在林业部、陕西省林业厅的支持下，洋县人民政府正式批准建立“洋县朱鹮保护站”，属于行政事业单位，编制五人。

4月，洋县林业局和文教局联合发出《关于开展群众性爱鸟护鸟的通知》。

9月，陕西省政府、省林业厅召开了“保护朱鹮、抢救大熊猫紧急会议”。林业部副部长董智勇在会议上提出筹建陕西朱鹮保护观察站。由洋县朱鹮保护站向林业部、省林业厅报告建站具体规划及经费预算。

12月10日，洋县姚家沟修建两个容积12立方米的泥鳅养殖池，以补给朱鹮食物。

1984年，洋县朱鹮保护站可以说是好事连连。这年1月，洋县朱鹮保护站从洋县林业局正式分离出来。

2月，世界野生生物基金会捐给洋县朱鹮保护站一辆丰田客货两用车。

3月，洋县林业局将大熊猫、金丝猴、羚羊等保护工作交由洋县朱鹮保护站代管。

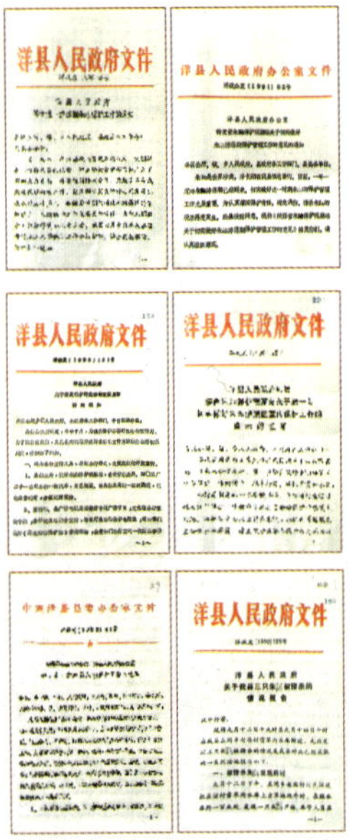
洋县人民政府文件

洋县人民政府办公室文件

洋县人民政府文件

洋县人民政府文件

洋县人民政府文件

洋县政府文件

7月，洋县总工会、共青团团县委、林业局、文教局、妇联、城建局及朱鹮保护站联合发出《抢救朱鹮、大熊猫捐款倡

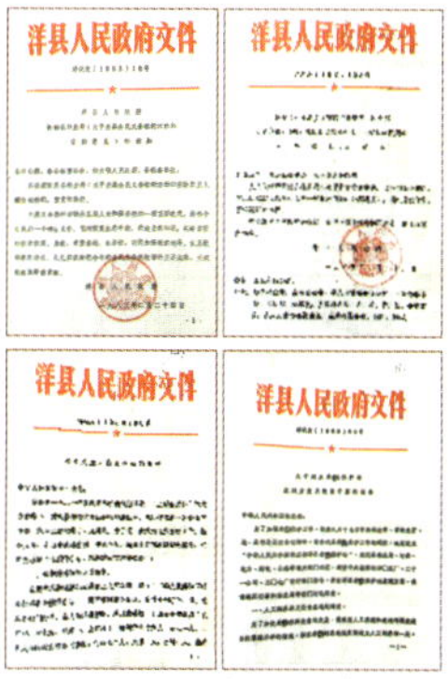
洋县人民政府文件
洋县人民政府文件
洋县人民政府文件
洋县人民政府文件

洋县政府文件

议书》，号召全县人民热爱保护朱鹮。洋县人民珍爱保护朱鹮的意识全面提高。

12月，洋县人民政府印发了《关于保护珍贵稀有动物、严禁乱捕滥猎的布告》。

更让姚家沟朱鹮保护人员高兴的是，当年8月，洋县朱鹮保护站在姚家沟朱鹮观察点新修了三间房舍和一间厨房。也是这一年，为了解决姚家沟村民的孩子上学要走几十里山路的问题，路宝忠他们决定在朱鹮保护站姚家沟朱鹮观察点开办小学，将新修的厨房隔出一间做教室。小学取名为朱鹮小学。朱鹮小学校长赵志厚，兼任代课教师。

“因为他高中毕业，而且也当过代课教师。就是到现在，有些熟人见了赵志厚，仍然称呼他为校长。”路宝忠说。

朱鹮小学招收了姚家沟的七名学生，起初由赵志厚工作之余代课，后来又招了一个民办教师魏志霞代课。

1985年春节，洋县政府印制了“保护朱鹮，人人有责”的朱鹮图片、年画、日历，向全县人民发放。所有的一切，都是为了保护朱鹮、宣传朱鹮。一时间，洋县人民人人成了朱鹮的保护者。

在林业部的支持下，陕西省人民政府批准成立“陕西朱鹮保护观察站”，为省属科技事业单位，编制12人，受陕西省林业厅和洋县人民政府双重领导。

5月，在林业部的支持下，陕西省人民政府批准成立“陕西朱鹮保护观察站”，为省属科技事业单位，编制12人，受陕西省林业厅和洋县人民政府双重领导。

6月，陕西朱鹮保护观察站投资2万余元，扶持三岔河兴建12千瓦水电站一座，年底完成了渠道修整工程。

当月，三岔河人工饲养的朱鹮雏鸟“青青”被带回北京动物园饲养。

12月，陕西省林业厅批准，筹建陕西朱鹮保护观察站基建工程，1988年年底竣工并交付使用。

1984年8月，姚家沟朱鹮观察点新房舍竣工，部分工作人员合影留念

《朱鹮》电影海报

1986年，徐真拍摄《朱鹮》电影

洋县人民政府第三次印发《坚决制止乱捕滥猎和倒卖走私珍稀野生动物的通知》。陕西朱鹮保护观察站及洋县林业、公安、工商等部门发挥各自职能，从机构、人员、计划措施等方面，预防、查处捕猎及倒卖野生动物违法行为，在全县开展保护、宣传、教育活动。

1986年1月，陕西省政府决定出资20万元拍摄影片《朱鹮》，北京科教电影制片厂导演徐真来洋县查看现场并做前期准备，于12月正式开拍。

2月，陕西野生动物保护管理站投资3万元，扶持修整从八里关乡政府至大店村10公里简易公路和傅家坝桥水泥路面。

1987年2月，陕西朱鹮保护观察站投资3700元，扶持姚家沟、三岔河群众发展木耳375架。

3月，受林业部、陕西省林业厅委托，陕西朱鹮保护观察站抽调工作人员，在洋县20个乡镇进行了朱鹮分布和数量调查。

5月下旬，陕西朱鹮保护观察站工作人员第一次为初飞前的全部幼鸟进行环志标识。

11月，洋县人民政府第三次印发《坚决制止乱捕滥猎和倒卖走私珍稀野生动物的通知》。陕西朱鹮保护观察站及洋县林业、公安、工商等部门发挥各自职能，从机构、人员、计划措施等方面预防、查处捕猎及倒卖野生动物违法行为，在全县开展保护、宣传、教育活动。

1988年，三岔河巢区村民自发组织起来，植树2万株，为朱鹮营建下个世纪的美好家园。

1989~1990年，两只迷途朱鹮分别在褒河火车站附近和汉中沙沿乡被当地群众救助，幸免于难。

有付出就有收获，洋县各地发现朱鹮的喜讯不断传来。

1986年4月，三岔河一对朱鹮飞至后坝河村团山河一棵青冈大树上安家居住，观察员翟天庆闻讯赶到，亲鸟已孵出三只幼鸟。此地人户稀散，冬水田少，朱鹮食源匮乏，幼鸟争食现象相当严重。翟天庆决心要帮新巢地的这对朱鹮渡过困难时期，便向站长路宝忠提议移居饲养。后经有关方面同意，将巢中老二捉下巢树，移居三岔河。当年6月，团山河三只幼鸟全

觅食

部成活初飞，移居三岔河的40日龄、起名“坪坪”的这只幼鸟，被送进了北京动物园。团山河巢区野生朱鹮持续至今，成为洋县较稳定的第三处朱鹮巢区。

1992年牯牛坪乡境内白火石沟、良马湾、史家湾、上沟一下子冒出4个朱鹮营巢地，皆都繁殖成功。

诸多迹象表明，20世纪80年代朱鹮在窑坪、阳坪、花园、八里关等毗邻地带活动频繁；20世纪90年代初开始向低海拔地区迁移。

1987年2月，与团山河一山之隔的牯牛坪，飞来一对朱鹮筑巢安家，当地村民边向朱鹮保护观察站汇报，边自觉组织起来监护，防止人畜惊扰。基础铺得好，牯牛坪迄今成为洋县的第四处朱鹮巢区。1992年牯牛坪乡境内白火石沟、良马湾、史家湾、上沟一下子冒出四个朱鹮营巢地，皆繁殖成功。

诸多迹象表明，20世纪80年代朱鹮在窑坪、阳坪、花园、八里关等毗邻地带活动频繁；20世纪90年代初开始向低海拔地区迁移。

1991年4月，一对朱鹮把巢营建在花园村瓦子坪西头的一棵松树上，巢距地面约十米，并产卵三枚。这对朱鹮打破其家族11年来营巢惯例，首次在松树上筑巢。因为在1991年前，洋县政府再次发出《关于进一步加强朱鹮保护工作的通知》，全面具体地制定了各项制度和强有力的措施。朱鹮保护工作要持续加强，保护经验在艰辛的工作中总结。朱鹮家族的数量增长缓慢而艰难，保护、拯救朱鹮的事业仍任重道远。

不论是在姚家沟、三岔河、团山河、牯牛坪，朱鹮均营巢在青冈大树上。看来朱鹮果真是“择木而栖”的一种“良禽”。

1992年2月，木家河村段家垣，一对朱鹮筑巢于一王姓人家门前小山梁的一棵松树上。产卵四枚，孵育四只雏鸟。4月17日，时任陕西省林业厅厅长的钟高适爬上海拔1000多米的木家河，看望了这一家子朱鹮。

由于成年朱鹮一对父母每年只产卵2~4枚，孵育成活率只在50%左右，再加上在野外遇到天敌或是自然灾害，幼鸟成活率不高，因此，直到1992年8月，经过11年的艰辛保护与抢救，洋县朱鹮数量仍在36只左右徘徊。

因此，洋县政府再次发出《关于进一步加强朱鹮保护工作的通知》，全面具体地制定了各项制度和强有力的措施。朱鹮保护工作要持续加强，保护经验在艰辛的工作中总结。朱鹮家族的数量增长缓慢而艰难，保护、拯救朱鹮的事业仍任重道远。

朱鹮家族兴旺的拐点终于在1996年出现了。

这年1月，距县城四公里的草坝村，飞来一对朱鹮，在村北头一片青冈树林筑巢安家。这里和陕西朱鹮救护饲养中心隔河相对，海拔二三百米，属平川地带。草坝村里果园成片，林茂民安，当年朱鹮孵育成活三只幼鸟。它们无拘无束地飞翔在县城的上空，成为一道亮丽的风景线。

这一年，洋县野生朱鹮营巢八处，共产卵21枚；陕西朱鹮救护饲养中心三对人工饲养的朱鹮成鸟参与繁殖，共产卵20枚。6月，野生朱鹮繁殖成活幼鸟13只，人工饲养繁殖成功幼鸟10只。

“朱鹮向平川回归，标志着洋县生态环境有了质的变化。这一年朱鹮幼鸟成活20多只，使洋县的朱鹮数量迈过50只的关口，这样的数据意味着洋县朱鹮保护和拯救工作取

展翅（摄影　怀忠）

路宝忠说，朱鹮保护，每取得一点儿成绩，都是所有朱鹮工作人员共同努力、艰辛付出获得的。
当年，陕西朱鹮保护观察站被中共陕西省委命名为“爱国主义教育基地”。

得阶段性成果。”路宝忠说，朱鹮保护，每取得一点儿成绩，都是所有朱鹮工作人员共同努力、艰辛付出获得的。

当年，陕西朱鹮保护观察站被中共陕西省委命名为“爱国主义教育基地”。

随着朱鹮巢区、种群和数量的增加，朱鹮保护与群众生产生活的矛盾越来越突出。不能开垦新的荒地，山里人就只能在现有的农田里耕作。不施化肥，还可以凑合着用农家肥，但不让用农药，可给农业生产带来了很大的麻烦。不能否认，为了保护和拯救朱鹮，当地经济建设做出了很大的让步。

窑坪乡即是佐证。之前每年有不少外地人到这里搞绿色企业，点种木耳、香菇等，乡、村、组每年收入几百万元。有了朱鹮，这些事做不成了。

1987年，牯牛坪57亩水稻遭受虫害，那些天正好朱鹮在

朱鹮、大熊猫、金丝猴、羚牛被称为“秦岭四宝”

田里觅食，村民们只能眼巴巴地看着害虫将稻秧吃成光秆。

大店村是姚家沟的门户，大店人穷，不通电，不通路，大店人想变，手头没有钱，便盯上了山上的树，县上、乡上却坚决不让砍伐。树伐了，鸟往哪儿歇？人常说，靠山吃山，靠水吃水，大店人却是有山不能靠，因为朱鹮，树砍不成，大店村建不起电站，修不起路。

三岔河村原有一个柴油机带动的木材加工厂。厂子虽小，却是全村人的钱袋子。朱鹮来了，厂子停了。因为柴油机整天咚咚响，怕吓着了朱鹮，只有停了。

白火石沟的农民杜德成，上有70岁老父，下有三个子女读书。他本想开采石头，贷款请人修好了路，这时候朱鹮飞进村子，采石场开不成了。他又想在坡上打口窑烧炭，或砍自留坡树点种香菇，但为了朱鹮，这些致富项目也都放弃了。老杜最终选择南下打工。

洋县山区的群众过去多数家庭都有猎枪，主要用于打猎保秋。自从开展朱鹮和大熊猫等珍稀野生动物保护以来，县上禁猎，对全县猎枪清理整顿，收缴了5万余支猎枪。禁猎对朱鹮和大熊猫确实起了保护作用，但狗熊、野猪常在秋天下山糟蹋农民的玉米、红薯、土豆，致使有的农户颗粒无收。

在朱鹮保护的功劳簿上，要为洋县人民记上浓墨重彩的一笔，为了朱鹮，他们做出了巨大牺牲。为此，国家对洋县人民所做出的牺牲给予了适当补偿和救助。从1984年起，县政府对巢区农民免征公购粮并适当投放无息贷款，对水田因不能施用化肥和农药造成的减产损失，给予一定赔偿。

“事实上，保护朱鹮同地方经济发展是相互关联的。保护工作如果不同当地群众的生产和生活结合起来，没有人民群众的参与，保护好朱鹮就成了空话。不能让农民兄弟继续受苦下路宝忠说，保护朱鹮，离不开一线工作人员尽职尽责、艰苦卓绝的努力，也离不开当地群众的热情拥护与积极支持，更离不开国家的政策护航和政府的大力支持。

去了，对他们所做的贡献和暂时蒙受的某些利益损失，国家已经或正设法给予扶持和补救。洋县政府对姚家沟、三岔河、团山河、牯牛坪、木家河、白火石沟等地投放50多万元扶助金，帮助当地群众种植木耳、香菇，栽植枣皮树5万多株，嫁接板栗2万株，栽植松杉15万株。同时注资10万元，建成八里关至大店村10公里简易公路；注资1万元，建起姚家沟5千瓦小水电站；注资4万元，建起三岔河12千瓦水电站和粮食加工厂。”路宝忠说，保护朱鹮，离不开一线工作人员尽职尽责、艰苦卓绝的努力，也离不开当地群众的热情拥护与积极支持，更离不开国家的政策护航和政府的大力支持。

当年，从八里关到大店村的公路修成时，世世代代靠背篓驮架运输的大店人，纷纷跑到公路上，迎接第一辆进山的“熊猫车”。人们把这条路称为“朱鹮路”。

三岔河通电那天，三岔河人又是跳，又是笑，令在场的洋县朱鹮保护站工作人员为之动容。封闭的山村人，哪里见过电灯、电视机这种现代文明的产物。一位年逾花甲的老大爷，将旱烟锅对着电灯泡点火，引得人们哄堂大笑。

第二章
首任“鸟官”路宝忠

路宝忠是名副其实的“鸟官”。

他亲自写的“秦岭一号朱鹮群体临时保护站”的牌子只挂了一年多，因为后来经过全国巡察，没有发现其他地方有朱鹮的身影，人们期待的二号、三号朱鹮群体并不存在。姚家沟发现的七只朱鹮成了世界仅有的野生朱鹮。

1984年洋县朱鹮保护站正式成立，路宝忠成了洋县朱鹮保护站的第一任站长，后来升任汉中朱鹮国家级自然保护区管理局副局长，直到2016年退休。30多年来，无论是管鸟，还是管看鸟的人，他一直干的就是“鸟”的事业，一生最好的年华，都与朱鹮相伴。

路宝忠官职不大，但在这个“鸟官”的日历中，几乎没有白天和黑夜，没有节假日。难怪他的妻子高彦娥气急了嗔怨他：“你干脆跟朱鹮过日子好了。”

路宝忠和高彦娥是1983年5月结婚的。那天，婚礼在五间乡一户人家举行，洞房里没有什么像样的家具，只摆放着一张木板大床和一张用来写字的桌子。

亲朋好友都来祝贺这对远近闻名的“朱鹮夫妻”。有人写高彦娥是一所学校的老师，暑假时，她带学生到姚家沟看朱鹮，才知道看护朱鹮的路宝忠是她的同乡。这次偶然的邂逅，竟成全了一对新人。路宝忠常说，这就是朱鹮情缘。

了副别致的对联贴在门上："朱鹮牵线爱慕情深，路人皆知比翼双飞"，横批"朱鹮之家"。

高彦娥是一所学校的老师，暑假时，她带学生到姚家沟看朱鹮，才知道看护朱鹮的路宝忠是她的同乡。这次偶然的邂逅，竟成全了一对新人。路宝忠常说，这就是朱鹮情缘。

路宝忠有一沓30多本的笔记簿，随便打开一本笔记簿。当翻到一行醒目的大字"1987年7月　童童"时，路宝忠停下了，他的手有些颤抖。

姚姚和童童是1987年姚家沟出生的幼鸟。姚姚是老二，童童是老四，老大和老三皆成活飞翔在大自然中。因为缺食，也因科研需要，姚姚和童童被捉下树来，就地进行一小段人工饲养。7月12日，健壮的姚姚和童童，由饲养员陈有平带下山来，住进城里。

13日早晨7点钟，陈有平和北京动物园的李福来在喂食时，发现童童瘫卧一侧。莫非童童病了？

"童童，童童不好啦！"陈有平惊慌地叫起来。

童童趴在地上，头耷拉着，见围拢的人多了，欲站立，费力攒劲一阵子，也未站立起来。

童童的身子在微微痉挛。路宝忠的心禁不住"怦怦"跳起来。

兽医来了，童童仍一个劲地拉稀、厌食。

13日夜里，路宝忠牵挂童童的安危，住在县干部招待所里未能成眠。天还未亮，听见姚姚叫了两声，他急忙前去查看，童童趴在地上一动不动了。

"童童，你怎么啦？快起来。"路宝忠伸手查看童童已经有些僵硬的身体，把它轻轻地抱起，试图使它再活过来，但已不可能了。

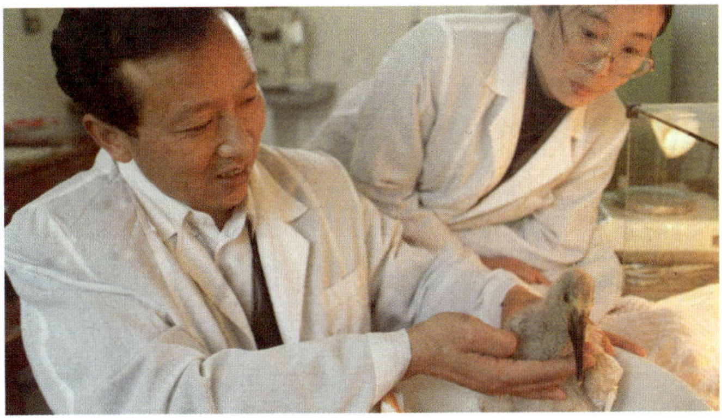

路宝忠与同事研究朱鹮

"童童……"他擦掉沾在童童洁白羽毛上的尘土，给它理好羽毛，哽咽着半天说不出话来。

14日清晨，童童死了。姚姚发出几声长长的悲鸣。

原定这一天童童和姚姚要一起启程奔赴北京的。

下山前，路宝忠在姚家沟和童童混得最熟最有感情。童童对他也很亲昵，总是直接从他手中讨东西吃，或站在他的肩上、胳膊上嬉戏，好像知道他就是它们的保护神。

还有一个人，忘不了童童，就是陈有平。14日早上闻知噩讯，他背过脸去，嘴唇因巨大的痛苦咬出血印。

为了弄清童童的死因，第二天尸体便被送到西安第四军医大学。解剖结果：严重线虫病合并向质值性心肌炎。

姚姚只能形单影只地去北京了。

再往前翻，又一行大字触目惊心：1985年，老父离世。

路宝忠永远忘不了那一幕。那天，小弟到姚家沟来找他，"哥哥，爸爸走了。"当小弟眼睛红红地站在路宝忠的面前时，他才如梦方醒地想起十几天前，弟弟从马畅镇发来的电报：父病危，速归。可他没有回去。此刻，这个硬汉子，浑身

当小弟眼睛红红地站在路宝忠的面前时，他才如梦方醒地想起十几天前，弟弟从马畅镇发来的电报：父病危，速归。可他没有回去。此刻，这个硬汉子，浑身发颤。他把手伸进衣袋，摸出那份电报，泪水已模糊了双眼。

每忆起这些，路宝忠内心都酸楚不已。他说他的恩师刘荫增也是如此，师生二人为了朱鹮，都没能为父亲尽孝。说起这些，路宝忠脸上的遗憾之情让人动容。

发颤。他把手伸进衣袋，摸出那份电报，泪水已模糊了双眼。

“爸爸……”路宝忠喊了一声，眼泪夺眶而出。

路宝忠深爱着自己的父亲。父亲身板瘦弱，却供养了全家五口人，供他读中专，他忘不了少年时代，父亲长夜里为生计发愁的声声叹息。那叹息，像自己屋檐下的石磨，压在他的心里很沉很沉……他原想毕业工作后挣钱了，要好好报答父亲，让他不再吃苦不再受累。然而这一切都晚了……他再也见不到父亲的面庞和身影，留给自己的只有无尽的思念。

其实，路宝忠多么想回到父亲的病榻前，哪怕陪老父亲一天一夜也行。但当时，姚家沟正如火如荼地搞朱鹮的人工分巢，路宝忠是现场总指挥，他根本抽不出身下山回家看望父亲。

多少个夜晚，路宝忠遥望星空，暗暗为父亲祈祷，让上苍保佑老父亲安然无恙。哪知老父亲竟撒手而去，最终也没能看他一眼。

每忆起这些，路宝忠内心都酸楚不已。他说他的恩师刘荫增也是如此，师生二人为了朱鹮，都没能为父亲尽孝。说起这些，路宝忠脸上的遗憾之情让人动容。

随便再翻一本，几行醒目的大字：1990年9月14日。

那一天，日本客人正在山上考察朱鹮的栖息地。始料不及的一件事发生了，三只朱鹮在出生地五间乡，被人枪杀了。

路宝忠说，回想那个黑色的日子，真让人心碎，让人想哭。

看着多年前的笔记簿，路宝忠久久没有抬起头来。

当翻看到1994年6月23日的笔记时，路宝忠才面露喜色。

原来这天，国务委员、国家科委主任、国务院环委会主任宋健到洋县视察朱鹮保护工作。

宋健要来看朱鹮。这个消息前些天就已经传来，朱鹮保护

朱鹮雕塑

站的工作人员都激动不已。

宋健是参加完北京国际中心《中国生物多样性保护行动计划》的新闻发布会后，在林业部副部长沈茂成等陪同下直奔洋县而来的。一路上，他兴致很高，和陕西省副省长范肖梅、省林业厅副厅长何发理谈论着生态物种等话题。宋健不仅是世界上公认的著名科学家，也是我国高级官员中为数不多的两院院士之一。汽车爬上海拔2000多米高度的秦岭主峰，宋健在刻有“秦岭”字样的界碑下，与随行人员合影。车至龙亭，宋健看见矗立于路南的蔡伦塑像，便让司机停车。他动情地说：“古老的洋州是块风水宝地。1000多年前，这里出了历史名人蔡伦，1000多年后，这里又发现了朱鹮，名扬四海。这地方了不起啊！”

“古老的洋州是块风水宝地。1000多年前，这里出了历史名人蔡伦，1000多年后，这里又发现了朱鹮，名扬四海。这地方了不起啊！”

早晨7点半，宋健的车队徐徐开进陕西朱鹮保护观察站院内。在与路宝忠站长握手之后，宋健随即匆匆奔赴纸坊乡朱鹮救护饲养中心。在这里，宋健和来自上海动物园的饲养专家何宝庆、朱鹮人工饲养专家席咏梅等人握手。

获得饲养员准许，宋健穿上饲养服，进入鸟笼。

面前的这对名叫“龙龙”和“凤凤”的朱鹮，似乎通晓人意似的，向宋健鸣叫两声，像是在欢迎。

宋健从饲养员端来的料盆中，捉过一条泥鳅，向龙龙发出呼唤。

“呱、呱、呱……”龙龙扑腾几下翅膀，快步来到宋健脚下。“呱、呱、呱……”栖木上的凤凤也报以回应。

为了不影响朱鹮按时进食，宋健很快退出了鸟笼。他问路宝忠：“已抢救了多少只弱残的朱鹮个体？”

路宝忠说：“12只。抢救成活率百分之百。”

“保护站多少职工？”

“几年来，日方先后有20多位官员、学者前来洋县考察。特别是NHK电视台把洋县朱鹮搬上荧屏在日本播放后，引起日本国民的震动。洋县朱鹮已在日本很有名气和地位。”

“17名专业人员，17名聘用的农民巡查员。”

宋健对朱鹮保护事业很关心，他认为应搞好两个群体建设：一个是保护朱鹮的群体，一个是朱鹮本身的群体。他又转头问陕西野生动物保护管理站站长曹永汉：“日本和我们合作得如何？”

“合作得很愉快。几年来，日方先后有20多位官员、学者前来洋县考察。特别是NHK电视台把洋县朱鹮搬上荧屏在日本播放后，引起日本国民的震动。洋县朱鹮已在日本很有名气和地位。”

“朱鹮的嘴是弯曲的，它是如何取食的？”

曹永汉把上海动物园的饲养专家何宝庆拽过来，让他回答宋健的提问。何宝庆的一番解答令宋健颇为满意。宋健再三强调，国家是不会忘记洋县人民的。洋县人民为保护国宝所做的贡献和牺牲，在国际社会也是有口皆碑的。临行前，他握着路宝忠的手说：“朱鹮保护非常成功。你们为国家、为我们的民族、为整个科学界争了光。”这是对保护站工作的最大肯定。面对成绩和荣誉，路宝忠觉得欣慰，毕竟这是兄弟们苦守十几年换来的。

但对于路宝忠来说，龙龙和凤凤却成了他此生最痛的心结。

路宝忠说的龙龙和凤凤，分别于1991年和1992年出生于三岔河巢区，在约30日龄还不会飞的时候，便被科研人员捉下巢树，进入纸坊乡朱鹮救护饲养中心饲养。两年不愁吃、不愁住的生活，使它俩成为救护中心11只朱鹮中健康状态最良好的一对“骄子”。

天高任鸟飞，也许天命注定，青梅竹马的龙龙和凤凤要“潇洒走一回”。1994年3月，日本细川首相访华，在与李鹏

路宝忠在向朱鹮喂食

总理的会谈中，日方提出从中国借一对朱鹮来挽救日本朱鹮即将灭绝的命运。李鹏总理依据中日有关协议，应允出借一雄一雌两只朱鹮。

1994年9月26日，装进鸟笼的龙龙和凤凤，由陕西省林业厅副厅长何发理、上海动物园饲养专家何宝庆、洋县副县长李玉德和纸坊乡朱鹮救护饲养中心饲养员刘义乘专车护送至西安，第二天，换乘国际航班飞往日本。27日下午5时，龙龙和凤凤在新潟县新穗村隆重交接后，送到佐渡岛日本朱鹮保护中心。龙龙和凤凤随即移居日本三年，在那里培育后代。

当晚，龙龙和凤凤就在异乡喜结良缘，羞羞答答地进入它们的大木笼“洞房”，当场给围观的日本朋友一个优美的接吻动作，惹得在场的人们直喊“OK”。

日本环境省为龙龙和凤凤此行，在新穗村举行了新闻发布会。声明保护和拯救朱鹮是中日两国人民共同的心愿和共同的课题。发布会上还公告了1985年至1988年日本从中国借的朱鹮华华与日本朱鹮阿金联姻未果、1990年将日本雄鸟阿绿入赘北京动物园仍然无所收获的事实。

日本环境省为龙龙和凤凤此行，在新穗村举行了新闻发布会。声明保护和拯救朱鹮是日中两国人民共同的心愿和共同的课题。发布会上还公告了1985年至1988年日本以中国借的朱鹮华华与日本朱鹮阿金联姻未果、1990年将日本雄鸟阿绿入赘北京动物园仍然无所收获的事实。

日本把最后的一线希望全都寄托在龙龙和凤凤身上了。

龙龙凤凤扶桑完婚，一晃过去了70多天。小夫妻俩恩爱有加，这令佐渡朱鹮饲养中心近辻宏归满心欢悦，他们安装了监控设备，每时每刻都关注着龙龙、凤凤的一举一动。

冬天就要过去，再过不久，朱鹮就要进入繁殖期了。

谁想得到，1994年12月13日10时45分，龙龙竟猝然死亡了。据日方分析认为，龙龙是吃了有毒的鱼后，神经受刺激在铁笼中乱飞乱撞，造成头部和颈部重伤，经抢救无效而死亡的。消息传出，无疑把日本人最后的一丝希望也化为泡影。

拯救日本朱鹮怕是无望了。

1995年4月，凤凤在人们的注视下，生出五个比鸭蛋还大的卵。顿时，日本报纸、电视、广播全面报道，举国上下，一片欢呼。

近辻宏归们仍不死心，抱着最后的希望，日本让来自中国的四岁的雌性凤凤和日本的21岁的雄性阿绿续婚，继续他们执着的“借种梦”。

1995年4月，凤凤在人们的注视下，生出五个比鸭蛋还大的卵。顿时，日本报纸、电视、广播全面报道，举国上下，一片欢呼。

然而，在孵化过程中，阿绿却于4月30日凌晨5时突然死亡。

凤凤失去郎君龙龙，现在连半路夫妻也做不成了，它产下的卵还能孵出幼鸟来吗？人们很是担心。专家们在解剖阿绿时发现，它的精巢发育不全，断定凤凤所产五枚卵，全是无精卵。

不出所料，五枚卵经人工孵化后，无一只发育成胚胎。这表示，日本朱鹮“借种”失败，“借胎”也失败了。至此，日本只剩一只已经完全丧失繁殖能力的29岁的雌性朱鹮阿金。日本人无不为之悲恸。

1995年6月9日，在日本佐渡岛生活了八个半月的凤凤，孑然一身回归养育它的故土。

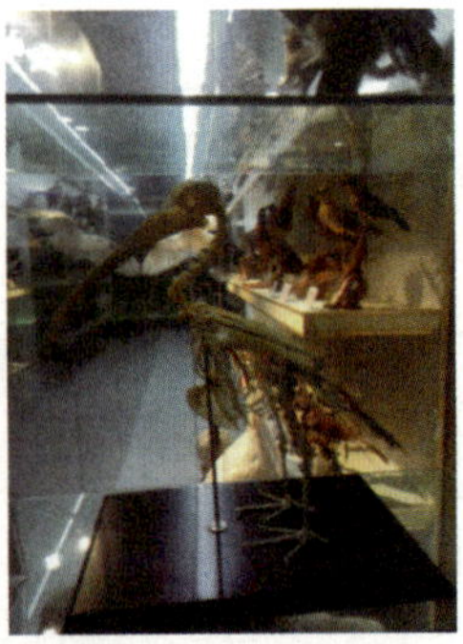

龙龙标本

“娘家人”路宝忠一眼就看见了八个多月前他亲手设计制作的木笼子，飞快地上前抱住木笼了，揭开笼子上方的盖帘，形单影只的凤凤令他爱怜，心里不由一阵酸楚。

凤凤安然无恙下了飞机，但古城西安高温难熬，不能停留，路宝忠和卢西荣便星夜护送凤凤，于10日凌晨4时45分赶回凤凤的家园——陕西朱鹮救护饲养中心。

凤凤的抚养人席咏梅、翟东辉、任文明、覃培军、黄治学一拥而上，望着孤身归来的凤凤，大家都强忍悲痛，从车上抬下木笼。

两天后，凤凤进食正常，恢复如初。

龙龙标本

龙龙的尸体，被日本鸟类学家分别制成“皮毛姿态标本”和“骨骼标本”，于6月26日，由日本环境省空运到北京，送交中国林业部，现存放在它的故里陕西朱鹮保护观察站。至此，漂泊海外整整九个月的龙龙魂归故土。

当然，也有让路宝忠非常欣慰的时刻。

1994年国庆节，对路宝忠来说是个幸运的好日子。这天，他抓拍到了整个朱鹮保护历史上最具纪念价值的一张朱鹮照片。

他记录下了拍摄手记：

7: 20，抵达傥水河畔草坝一片茂盛的刺蓬边守候。朱鹮在这儿群栖夜宿，已快一周了，一直未能拍成照片。

8: 20，飞来两只朱鹮，停歇于视线里的湿地上。

9: 08，飞来四只，和那两只相距两米左右。

9: 32，六只朱鹮在河堤边啄食青蛙或水生物，有三只吃下三只青蛙。遂后又飞来五只，共11只。

9: 48，伴随着“呱——呱——”几声叫唤，扑棱棱又飞来八只。

9: 54，相机快门按下，就这一瞬间，镜头内又飞进十只白鹭和五只朱鹮，共24只朱鹮，鹮鹭交合，构成一幅鹮鹭图。

10: 02，再拍，连拍五张。也许是闪光灯惊动了朱鹮，或是其他缘故，朱鹮齐刷刷起飞了，朝着对门的陕西朱鹮救护饲养中心方向飞去了。

24只，太棒了！

后来，这张照片被《野生动物》杂志发表，还被陕西省林业厅印到1996年公开发行的挂历中，在国内外引起强烈反

龙龙的尸体，被日本鸟类学家分别制成“皮毛姿态标本”和“骨骼标本”，于6月26日，由日本环境省空运到北京，送交中国林业部，现存放在它的故里陕西朱鹮保护观察站。至此，漂泊海外整整九个月的龙龙魂归故土。

“中国保护朱鹮的成功之处，在于有一支出色的队伍，有一位优秀的领头人，在管这件非同寻常的事。”这是当年日本环境省官员森康二郎多次到洋县考察，对朱鹮保护感触极深，冷眼旁观，对中国朱鹮保护走过的艰苦历程的准确评价。

响。尤其对日本震动最大。那时候，许多日本人不相信洋县山区还有几十只朱鹮在野外栖息。他们哪里知道有多少人为了这些朱鹮，几十年如一日地坚守与付出。

当年的朱鹮保护站站长，后来成了朱鹮国家级自然保护区管理局副局长。翻开路宝忠2006年9月的备忘录：

1.尽快进行笼养朱鹮的半野化训练，落实野外放飞的准备；

2.要争取把朱鹮繁殖地划为特别保护区，不让朱鹮再过“苦日子”；

3.解决朱鹮的“口粮”问题，在游荡区建立人工湿地；

4.实行异地饲养和人工繁殖，优化朱鹮种群；

5.开发朱鹮栖息地旅游，让国内外游人能一睹它的风采，以增强朱鹮的知名度和强化保护工作的透明度，这一工作将以汉中撤地设市为契机。

……

升任副局长的路宝忠明白，自己还是个“鸟官”，只是担子更重，要做的事情更多了。

“中国保护朱鹮的成功之处，在于有一支出色的队伍，有一位优秀的领头人，在管这件非同寻常的事。”这是当年日本环境省官员森康二郎多次到洋县考察，对朱鹮保护感触极深，冷眼旁观，对中国朱鹮保护走过的艰苦历程的准确评价。

在中国朱鹮保护史上，浓墨重彩地写进这样一个名字：路宝忠。

“朱鹮保护事业之所以取得成功，就是赵志厚、陈有平、王跃进还有后面来的雍水生、翟天庆等等这些普通的工作者，将这些平常事、分内的事，尽职尽责地干好，一天又一天，一年又一年，几十年如一日，干出了不平凡的事，创造了奇迹。中国朱鹮史上，应该有这些牧鹮人的功绩。”路宝忠说得最多的就是那些守护在一线的工作人员，因为长年在野外追逐、守护鸟儿的艰辛他深有体会和感触。

37个春夏秋冬，日出日落，路宝忠带着兄弟们，始终把保护朱鹮当作自己神圣的使命，在密林深山、田野沟壑，在汉中3000多平方公里的汉江两岸，追逐着鸟儿，保护着鸟儿，谱写了一曲壮丽动人的牧鹮谣。

第三章 鹮乡闻名海内外

洋县保护拯救朱鹮的事业除了国家、政府及相关部门的支持外，也得到了国际机构和相关友好人士的支持。中国朱鹮保护事业在自身探索总结朱鹮保护与人工饲养、繁殖的经验技术的同时，也不断加强与外界沟通、宣传，并参与国际交流与学习。

在发现朱鹮后的20世纪八九十年代，国内外众多动物研究专家及朱鹮专家、政府官员、各类项目基金组织、民间爱鸟人士及团体，你来我往，络绎不绝。洋县曾经偏僻的乡村姚家沟、三岔河、团山河、牯牛坪等地一时间闻名海内外，成为朱鹮圣地。

1985年4月22日，国际鸟类保护基金会主席布雷姆（德国人）来到北京，与林业部就建立北京朱鹮驯养繁殖中心，达成协议并举行了签字仪式。

6月5日，中华人民共和国林业部与日本环境省签署了《中日共同保护朱鹮计划》，并派朱鹮考察团前往日本佐渡朱鹮饲养中心考察。

1986年4月中旬，日本国际协力事业团一行六人，到姚家

1992年 11月6日，世界银行全球环境基金专家组一行六人，到陕西朱鹮保护观察站收集有关朱鹮的生物多样性资料，并对野生环境状况及人工饲养情况进行调查。

沟、三岔河朱鹮栖息地进行了实地考察。

1987年5月14日，应林业部邀请，德意志联邦共和国布雷姆基金会保护部主任查尔斯·卢森先生在洋县姚家沟对朱鹮栖息地进行了实地考察。

7月上旬，为执行中德共同保护朱鹮协议，陕西朱鹮保护观察站翟天庆前往德意志联邦共和国学习鹮类饲养及人工孵化技术，历时一个月。

1988年5月，中日双方签署了《中日共同保护研究朱鹮及其栖息地计划确认书》。

1989年6月3日，为执行中日合作科研计划，中日专家十余人对三岔河、牯牛坪巢区进行实地考察。

6月中旬，德意志联邦共和国布雷姆基金会向朱鹮保护观察站捐赠无线电跟踪仪两套。

12月，日本鸟类保护联盟石川县支部长村本义雄向朱鹮保护观察站捐赠10万日元及其著作《能登的朱鹮》。

1990年2月21日，陕西省林业厅许树华、陕西省动物研究所史东仇、陕西朱鹮保护观察站路宝忠三人，到日本考察学习，同时介绍了中国朱鹮的保护及研究现状。

同年，德意志联邦共和国布雷姆基金会向洋县朱鹮保护站捐赠摩托车一辆。

1991年4月，陕西省野生动物管理站站长曹永汉、工程师鲁西荣，陕西朱鹮保护观察站席咏梅一行三人赴日本考察学习朱鹮及其他野生动物的保护管理和人工饲养技术。

1992年3月，陕西朱鹮保护观察站王跃进赴日本学习考察朱鹮及其他野生动物保护管理。

11月6日，世界银行全球环境基金专家组一行六人，到陕西朱鹮保护观察站收集有关朱鹮的生物多样性资料，并对野生

朱鹮国际交流

1994年5月14日，世界自然基金会（WWF）亚太事务部部长黑尔斯、中国项目联络员苏珊·梅卡女士、香港分会主席梅伟义先生一行五人到洋县陕西朱鹮救护饲养中心进行考察。

环境状况及人工饲养情况进行调查。

1993年4月24日，日本环境省野生生物课森康二郎先生到三岔河巢区对朱鹮繁殖及环境进行了考察。

5月2日，日本鸟类保护联盟石川县支部长村本义雄和日本NHK电视台岩琦弘论到三岔河巢区对朱鹮繁殖及环境进行了考察。

6月18日，日本环境省野生生物课课长辅佐森康二郎前往洋县考察朱鹮。

9月16日至10月12日，日本NHK电视台岩琦弘论、石井教之、日昔吉邦一行三人，在朱鹮集群期活动的四郎、东柳、纸坊等乡拍摄朱鹮生态习性和环境等。

1994年4月16日，日本NHK电视台岩琦弘论、石井教之、日昔吉邦、宫川美代子（翻译），对洋县朱鹮繁殖期生态进行了拍摄。

5月9日，德国自然保护区管理委员会顾问，鸟类学博士格鲁及博士尼柯尔，在陕西朱鹮救护饲养中心和三岔河巢区进行了考察。

5月14日，世界自然基金会（WWF）亚太事务部部长黑尔斯、中国项目联络员苏珊·梅卡女士、香港分会主席梅伟义先生一行五人到陕西朱鹮救护饲养中心进行考察。

5月14日，日本鸟类保护联盟石川县支部长村本义雄先生到三岔河巢区考察。

5月31日，国际自然资源保护联盟、国际鸟类保护协会、国际湿地保护总局等以及鹤、鹮、琵鹭专家组主席柯德逊先生在陕西省野生动物管理站工程师傅文凯、张哲邻（兼翻译）陪同下对陕西朱鹮救护饲养中心和三岔河、团山河巢区进行了考察，并结合考察情况在陕西朱鹮保护观察站进行了座谈。

1995年6月10日，德国布雷姆基金会鸟类公园主任布雷姆、世界鸟类保护联盟鹳、鹮、琵鹭专家组首席主席柯德逊一行到洋县参观了陕西朱鹮救护饲养中心，考察了草坝、高家河夜宿地的环境以及鸟的夜宿情况。

6月28日，北美动物园与水族馆协会联络员吉姆（郝克民）博士在陕西野生动物保护管理站袁伟的陪同下考察参观了陕西朱鹮救护饲养中心。

9月27日至10月3日，中国护鹮赴日团访问了日本环境省、新潟县、东京都、新穗村政府等。

10月7日，日本鸟类保护联盟石川县支部长村本义雄先生在陕西野生动物保护管理站工程师宋凌鹏、常秀云的陪同下，到洋县对陕西朱鹮救护饲养中心和朱鹮集群期取食地、夜宿地进行了考察。

12月1日，日本NHK电视台“大熊猫生态”摄制组编导小林达彦、摄影渡边邪抵达洋县。

1995年6月10日，日本环境省小林光、上野动物园田道兴纪、佐渡朱鹮饲养中心近辻宏归三人抵洋县。11日中午，中日双方就出借朱鹮的情况进行了座谈。

6月10日，德国布雷姆基金会鸟类公园主任布雷姆、世界鸟类保护联盟鹳、鹮、琵鹭专家组首席主席柯德逊一行到洋县参观了陕西朱鹮救护饲养中心，考察了草坝、高家河夜宿地的环境以及鸟的夜宿情况。

6月10日，日本鸟类保护联盟石川县支部长村本义雄到洋县进行了一周的朱鹮考察。捐赠摩托车两辆、变速自行车十辆及80万日元用于朱鹮保护。

6月11日，瑞士观鸟团一行13人，到洋县草坝夜宿地考察了朱鹮与鹭混群栖息的环境。

6月30日，鸟类学者彼德·肯勒及香港观鸟团，对洋县朱鹮的人工饲养及野外栖息情况进行了考察。

8月21日，日本出云市农业代表团一行37人，参观了陕西朱鹮救护饲养中心，观看了野外朱鹮录像片，路宝忠站长向客

常秀云与到访的日本朱鹮考察团交流

人介绍了朱鹮保护及现状。

9月17日，村本义雄先生再次到洋县进行考察，他对连续多天在夜宿地和觅食地见到28只朱鹮群体无比激动：“这是我远远没有想到的，回日本后一定要向我的国家和人民宣传。”

10月11日，以著名朱鹮专家佐藤春雄为团长的中日文化交流财团两津市朱鹮环保促进发展协会一行五人访问了洋县。

11月16日，以朱鹮为纽带，洋县政府代表团赴日本佐渡岛新穗村，陕西朱鹮保护观察站站长路宝忠随团出访。

1996年5月25日，世界银行高级经济学家雷克·斯科比、林业生态学家苏珊前来陕西朱鹮救护饲养中心进行了参观。

7月7日，日本环境省野生生物课课长笹冈达男、日本鸟类保护联盟财务室长柳泽纪夫、保护联盟总务室长杉本吉充一行到洋县，就中日朱鹮二期项目的实施情况及野外朱鹮活动情况进行了考察。

朱鹮巢区、数量的增多，让国内外密切关注朱鹮命运的人们大感欣慰，同时也推动和加快了国际间的协作进程。

7月15日，日本朝日新闻北京支局长崛江义人在陕西朱鹮救护饲养中心、草坝和汉中一带进行了采访性调查。

7月20日，村本义雄又一次到洋县进行朱鹮生态考察，捐赠了60万日元购买摩托车用于朱鹮跟踪监护工作。

8月12日，以日本鸟类保护联盟总务室长杉本吉充为团长的民间鸟类爱好者考察团一行14人到洋县进行朱鹮考察。

朱鹮巢区、数量的增多，让国内外密切关注朱鹮命运的人们大感欣慰，同时也推动和加快了国际间的协作进程。从1985年4月至1996年8月的11年间，洋县先后接待前来考察、旅游、技术合作、新闻采访、电影拍摄的日本、英国、美国、瑞典、德国等七个国家的外宾40多次，总计169人。

日本山阶鸟类研究所的尾崎清明，1989年6月在三岔河看到结伴飞行的八只朱鹮，兴奋地说：“三年前，我来洋县只看日本山阶鸟类研究所的尾崎清明，1989年6月在三岔河看到结伴飞行的八只朱鹮，兴奋地说："三年前，我来洋县只看到繁殖期成鸟和刚出壳的幼鸟。这次看到如此数量可观的朱鹮群体，真是中国的荣耀、洋县的骄傲！"

到繁殖期成鸟和刚出壳的幼鸟。这次看到如此数量可观的朱鹮群体，真是中国的荣耀、洋县的骄傲！"

在日本，自从1981年把仅剩的五只野生朱鹮抓起来人工喂养后，日本的朱鹮保护和繁殖计划并不顺利。当年日本捕捉回来的朱鹮就死了一只，剩下四只配对，然而繁殖都不成功，有时候可以产卵，但却都是无精卵。日本朱鹮眼看着即将灭绝，日本开始对中国处境维艰的朱鹮投以关爱和垂青。于是，一场拯救日本朱鹮的跨国行动随即展开。

1985年6月，中国林业部与日本环境省签署了《中日共同保护朱鹮计划》，让中国朱鹮与日本朱鹮联姻，以挽救日本朱鹮灭绝的命运。最后确定出生于秦岭洋县姚家沟、成长在北京动物园的五岁龄"华华"，作为和平友好的使者，于当年10月出使日本进行国际婚配。约定借期三年，期满完璧归赵。

一时间，日本借用中国朱鹮联姻的消息，轰动了日本列岛。报纸连日推介，电台、电视台争相报道，朝野上下翘首以待中国的朱鹮华华。

当年10月22日东京时间下午2点，北京动物园的甘声芸陪护华华乘飞机抵达日本成田机场。许多日本人赶往机场，迎接华华，一睹它亮丽的风采。稍作逗留，华华即于下午6点到达佐渡朱鹮保护中心。

一天的长途旅行，华华只是略显疲惫，从笼子里放出来不久，就飞上了为它准备的栖木。它东张西望，左顾右盼，样子好像很惊奇。这一天，华华未进食物，也没有鸣叫。

佐渡朱鹮保护中心主任近辻宏归向北京动物园的甘声芸介绍说，那年能登捕来的野生朱鹮，也是两天不吃食。23日下午4点，华华吃了17只蝗虫和20克泥鳅等食物，并且开始鸣叫了起来。直到一周时间过去，华华才能全天正常进食。中日双方悬着的心像一块悬石落了地。

华华的夫人叫阿金，是个18岁的“老妪”。阿金的身世和华华很相似，是18年前大约孵出后一个月左右离开父母，由人工饲养长大的。日本各界都希望年轻的新郎华华，能促进阿金卵巢机能发育，给日本朱鹮添丁增口。

华华很快成了佐渡朱鹮保护中心骄傲的白马王子。

1986年的春天，佐渡朱鹮保护中心主任近辻宏归就试图把阿金和华华放入同一鸟舍中，但它们总是不肯落在同一根栖木上。直到9月末，华华才开始对阿金产生兴趣，愿与它在同一根栖木上停留。随后，两只朱鹮终于双栖双飞，一起活动了。它们互相厮磨长喙，梳理羽毛。华华和阿金，在近辻宏归的眼里，似乎比任何一对朱鹮夫妻都对脾气，更显亲密。

“就盼着春天来啦！”近辻宏归观察计算着阿金产蛋的日子，心情无比的激动。他盼望佐渡上空能有朱鹮重新飞舞的身影。

然而，1987年的春天，近辻宏归没能盼来喜讯，他无比焦虑。

1986年的春天，佐渡朱鹮保护中心主任近辻宏归就试图把阿金和华华放入同一个鸟舍中，但它们总是不肯落在同一根栖木上。直到9月末，华华开始对阿金产生兴趣，愿与它在同一根栖木上停留。

双飞（摄影　赵纳勋）

奔放（摄影　赵纳勋）

1988年的3月，近辻宏归惊喜地发现两只朱鹮已形影不离，并开始精心地建构巢穴。巢建好后，有交尾动作，最多一天达四次。华华和阿金卧巢多天了，为刺激它们繁殖，近辻宏归还在巢中放入一枚模仿朱鹮卵的假蛋。“阿金今年是能产蛋的！”近辻宏归期待着幸运降临。

华华和阿金进入繁殖期的消息，在日本报纸、电视等媒体上相继报道，人们欣喜不已，都在期待着更振奋人心的消息传来。那段日子，饲养员们连家都不回，一天到晚守在中心。

当山樱花盛开、山茶花吐出花蕊的时候，阿金却没有像人们希冀的那样如期生下蛋来。

“谢谢你，华华。你是想让阿金生下蛋来的。你和阿金都尽了最大努力。我代表日本国民谢谢你。”近辻宏归在鸟舍里抚摸着华华，抽泣着。

“借种”失败了。华华归期一天天临近。

6月7日。日本环境省主持召开“朱鹮增殖研讨会”，会上公告了阿金未产卵的原因：年龄过大，卵巢机能老化，已无能力产卵了。

日本朱鹮形势愈加严峻起来。剩余的最后两只朱鹮，也如同活体标本。

1988年10月21日，借期已满。华华万般无奈，遗憾地返回了北京。

2012年华华在北京动物园去世，尸体被做成标本。这是姚家沟最初发现的七只朱鹮中唯一被命名的朱鹮，由于受当时的条件限制，其他几只朱鹮没有戴上环志标识，因此也就无法知道它们的最后结局。

“华华出生在洋县姚家沟，而且它是最早发现的七只朱鹮中唯一被命名的朱鹮，其一生的轨迹清晰可寻，它的标本对于

华华和阿金进入繁殖期的消息，在日本报纸、电视等媒体上相继报道，人们欣喜不已，都在期待着更振奋人心的消息传来。那段日子，饲养员们连家都不回，一天到晚守在中心。

“华华出生在洋县姚家沟，而且它是最早发现的七只朱鹮中唯一被命名的朱鹮，其一生的轨迹清晰可寻，它的标本对于洋县和姚家沟来说，具有特殊的的意义。”

洋县和姚家沟来说，具有特殊的意义。得让华华回洋县，哪怕请回来住一段时间也行。”退休后的路宝忠一直惦记着华华，他正四处联系张罗着这事。

第四章
“朱鹮公主”常秀云

“哈哈哈，你们别笑我。山里的路不好走，这几天我的腿也不利索，就带了拐杖。”一头短发，着一身户外羽绒服，拄一副登山杖，背着野外科考双肩包，略已发福的一位女士，一见面就笑语盈盈。这就是被誉为“朱鹮公主”的常秀云，陕西省野生动物保护管理站教授级高级工程师、陕西省野生动物保护协会副秘书长。这位为朱鹮事业做出杰出贡献的女科学家随和大方，快人快语。

与常秀云联络采访时，正是2018年岁末，常秀云提议再访朱鹮圣地姚家沟，于是便从西安出发驱车去洋县与路宝忠等人会合。

“也没什么好讲的。保护与拯救朱鹮、异地再引入这些，都是我的本职工作。我就在车上简单谈一下，你们也就随便听听。呵呵呵。”西汉高速公路上，汽车外气流声呼呼作响，但一点儿也影响不了常秀云清脆响亮的嗓门。

“日本专家1981年把仅存的六只朱鹮，圈养在笼中，并且全天候观察、保护，试图通过人工饲养繁殖，增加种群数量。当时，我们应该以何种方式保护这种极其濒危的物种，中

1983年夏天，22岁的常秀云从陕西理工大学生物系毕业，分配到陕西野生动物保护管理站，她的工作就是保护研究朱鹮，因为这种美丽的鸟儿随时可能在地球上消失。

国的动物保护专家们对此也有不同的声音。中科院、林业部以及中国环保部的一些专家，也想跟日本一样，把这七只朱鹮全部捕捉回来，然后进行人工饲养繁殖，扩大它的种群，因为他们觉得在人工条件下可能比在野外要好一些。但陕西野生动物保护管理站站长许树华和一些研究员商量后，觉得还是就地野外保护为好。为什么呢？我们觉得那七只朱鹮既然能够在那个地方留存，那就说明那个地方的环境比较适合它的生存。”

今天我们也许应该庆幸当时的这一决定，才让中国朱鹮没有重蹈日本朱鹮灭绝的覆辙。但常秀云认为：“科学的决策来源于当时对朱鹮初步考察的数据，以及基层一线朱鹮保护工作人员的决心。”

一路穿行秦岭隧道，景物恍惚，如同时光穿越。

1983年夏天，22岁的常秀云从陕西理工大学生物系毕业，分配到陕西省野生动物保护管理站，她的工作就是保护和研究朱鹮，因为这种美丽的鸟儿随时可能在地球上消失。

8月，刚刚参加工作不到一个月的常秀云接到一个任务，去洋县调查一只朱鹮的死因。面对这个极其濒危的物种，当时中国的朱鹮保护和研究工作都是从零开始，尤其在物质条件极度匮乏的情况下显得格外艰难。但对于年轻的常秀云来说，这是她第一次近距离接触朱鹮，一切都特别新鲜。

常秀云只身一人坐火车去洋县，先从西安到宝鸡，经宝成铁路绕道阳平关才能到汉中，十几个小时的行程也没能让常秀云感到疲惫。到了洋县林业局，常秀云也不休息，她要立即去姚家沟查看朱鹮。她知道还得步行爬山，便从洋县林业局那里借了一双男同志的解放鞋，外面再穿了一条旧裤子。

早已得到通知的路宝忠，赶到八里关乡迎接她。穿着解放鞋和旧裤子的常秀云不紧不慢地跟在路宝忠后面。前面带路

再次回到姚家沟，常秀云觉得几十年前的情景历历在目

就这样跋涉了三个小时山路，终于到了姚家沟。常秀云首先去检查了那只死去的朱鹮，她觉得周边环境太差，饲养朱鹮的消毒条件也达不到，所以那一只人工饲养的朱鹮很可能是因细菌感染而死掉了。

的路宝忠始终与常秀云保持着一段距离，看到常秀云走得慢了，他就在前面站住等一会儿。说起当时的情景，今天的常秀云都觉得好笑。她觉得这小伙子很实在。

“这个女孩子不仅年轻漂亮，还是个大学生，又是省上下来检查工作的，我一点也不敢怠慢。”再见到路宝忠时，他笑呵呵地说起当时的心境。

就这样跋涉了三个小时山路，终于到了姚家沟。常秀云首先去检查了那只死去的朱鹮，她觉得周边环境太差，饲养朱鹮的消毒条件也达不到，所以那一只人工饲养的朱鹮很可能是因细菌感染而死掉了。

大学毕业后到姚家沟不久的常秀云

那一次，常秀云没有在姚家沟多停留，她把朱鹮的尸体包裹着带下山，再辗转回西安。她要把死去的朱鹮送到第四军医大学做解剖，找出朱鹮致死的原因。

1984年春天，常秀云再次来到姚家沟。

这次她要常驻姚家沟，开始对朱鹮系统的检测和研究、保护工作，她是研究团队里唯一的女性，带她来的是陕西省动物研究所的史东仇老师。

“刚开始是跟史老师一起做研究工作的，最初我们首先得研究朱鹮野外个体的生态和种群的生态规律，然后用野外数据做参考来进行人工饲养，再扩大它的种群和数量，所以最初的研究就是朱鹮的野外生态学研究。”

然而没过多久，常秀云最初的新鲜感就消失了，因为她要面对的是前所未有的困难。深山野林里，她常常一个人待在那里观察朱鹮，渐渐天黑了，野猪和不知名的野兽叫声，吓得她尖叫连连，魂飞魄散。在保护站工作人员的帮助下，常秀云很快就适应了。不过，她始终克服不了对蛇的恐惧。洋县朱鹮保护站热心的陈有平就给她找来雄黄酒，让她带上，洒在身边，或者自己喝几口，这样蛇就躲开了。

然而没过多久，常秀云最初的新鲜感就消失了，因为她要面对的是前所未有的困难。深山野林里，她常常一个人待在那里观察朱鹮，渐渐天黑了，野猪和不知名的野兽叫声，吓得她尖叫连连，魂飞魄散。在保护站工作人员的帮助下，常秀云很快就适应了。

保护站的小伙子们，对常秀云这样一个漂亮的女大学生，表现得非常崇拜而尊重。苦活、累活，都抢着干。但有些事还是让常秀云苦恼不堪，因这深山里的条件所限，她这个女孩子没办法洗澡，只能苦熬两个月，然后下一次山，到城里去洗。更糟糕的是，她一样要忍受蚊虫、跳蚤的叮咬。后来，小伙子们就在厨房给常秀云烧了一锅热水，又提了几桶凉水放在那里，然后就都躲开了，让常秀云洗澡。

在山里追逐鸟儿异常艰辛，跋山涉水、穿林越谷是工作与生活的常态。有时候基本上是在没有路的深山密林中穿行，往姚家沟的3年，是常秀云一生中过得最艰苦的岁月了。“不过那时年轻，坚持一下就过来了。”性格大方乐观的常秀云生活中表现得明快而率真，没有一般女孩子的娇气。

往是男同事拿着一把大镰刀在前面披荆斩棘做开路先锋，常秀云在后面手脚并用地攀爬。那年夏季的一天，几人在野外追踪朱鹮，因为衣服穿得单薄，常秀云的裤子被荆棘刮破，从裤脚直到大腿都敞开了，这让常秀云很难为情。最后，还是男同事想办法，用掰下的刺当作针，用草茎做线，将裤子缝补了，继续出发。“哈哈哈，那个年代，我们的思想很保守啊。我最多只能让膝盖以下露在外面。”谈起当年的艰难，常秀云仍是笑呵呵的。

常秀云1961年1月出生在浙江杭州，1968年因父母任陕西省长青林业局的干部，便随父母一起来到汉中。常秀云从小学习成绩优异，后来考上汉中师范大学（现陕西理工大学）生物本科专业。要知道，那个年代考上大学本科，是多么令人羡慕的事。像她这样被父母视为公主一样的女孩，大学毕业后竟然到姚家沟这个深山里来看护观察朱鹮，一般的男同志都受不了这份苦，这让很多人都不能理解。姚家沟及附近的人们都对这位研究朱鹮的漂亮女孩很好奇，有人就叫她“朱鹮公主”，于是，这个美丽的名字渐渐传开来。

姚家沟的三年，是常秀云一生中过得最艰苦的岁月了。“不过那时年轻，坚持一下就过来了。”性格大方乐观的常秀云生活中表现得明快而率真，没有一般女孩子的娇气，“也有让人惬意的时候，那就是在路上走得又累又渴的时候，我拿出在集市上买来的西红柿、黄瓜，咬一口，那个爽透劲，至今我都忘不了。这洋县山里的溪水山泉也很凉，我那时最喜欢光脚走在水里的那种感觉。”

快乐的“朱鹮公主”当然也有伤心的事。

1984年5月，姚家沟的朱鹮正在坐巢育雏，常秀云为了拍到珍贵的照片，便让赵志厚先爬上巢穴旁的那棵青冈树上，把

男同事在前面拿着镰刀披荆斩棘为常秀云开路

喝水吃干粮是野外工作人员的常态

在姚家沟待了三年，常秀云亲身经历了在大山里风餐露宿日夜守护朱鹮的艰辛，但她也发现这几只濒危灭绝的美丽鸟儿并未像大家期待的那样扩大种群。

绳子绑在她身上，她一边艰难地踩着扒钉向上爬，赵志厚一边使劲往上拉，费了九牛二虎之力爬了上去，终于可以拍到育雏的朱鹮了。她端着相机调准焦距，咔嚓咔嚓拍了个够，再艰难地下来。她激动不已，拿出相机，扣动扳机倒胶卷。可感觉不对，原来她为了节省胶卷多拍两张，装胶卷时没能卷挂住。慌乱中，她打开相机盖，糟糕，整卷胶卷一下子全部曝光。懊恼不已的常秀云，一个人躲在屋子里放声大哭，大伙怎么劝也劝不住，越哭越伤心。她伤心珍贵的胶卷，更伤心浪费了这次难得的拍照机会。

哭过了，伤心过了，“朱鹮公主”常秀云照样与保护观察站的工作人员一起，追逐着鸟儿，观察研究朱鹮。

在姚家沟待了三年，常秀云亲身经历了在大山里风餐露宿日夜守护朱鹮的艰辛，但她也发现这几只濒临灭绝的美丽鸟儿并未像大家期待的那样扩大种群。每年繁殖出的幼鸟成活率都很低，就在十来只左右徘徊。当年姚家沟、三岔河各一个巢，每年都能增加五六只，但是这五六只幼鸟飞出去以后成活率很低，第二年也就增加一两只，到了第二年繁殖季过了以后，幼鸟又死了，再统计还是十来只。

常秀云与日本友人村本义雄一起宣传保护朱鹮

常秀云在日本为保护中国朱鹮宣传募捐

通过多年的观测和研究，常秀云逐渐认识到了洋县朱鹮种群难以扩大的症结所在。“朱鹮是一种对环境比较敏感的动物，一是森林的砍伐，使它失去了栖息和筑巢的大树；二是人们生活习性的改变，原来都是种水田，后来因为水田的劳动成本高、产量低，都改种玉米什么的了，把水田改旱田了，它的觅食地就减少了；三是水源的污染、环境的污染，它的食物也减少了。”

常秀云和同事们一边从事科学研究，一边向陕西省林业厅申请资金帮助，扶持当地农民发展经济，提高生活水平，这

常秀云和同事们在野外涉水

样让当地农民积极参与朱鹮保护工作。为了协助当地政府改善生态环境，逐渐恢复朱鹮的野生栖息地，陕西省林业厅做了大量具体的工作，比如帮助朱鹮营巢地的老百姓买羊、买牛，给姚家沟修水力发电站等等。

然而，扩大朱鹮种群数量的过程却是相当的漫长。在这个过程中，常秀云结识了一位日本老人，他叫村本义雄。20世纪80年代，村本义雄了解到野生朱鹮还幸存在中国陕西后，便开始为保护中国仅存的几只野生朱鹮奔走呼吁。

在十几年的时间里，村本先生先后22次来到中国，为朱鹮保护事业捐钱出力，成为中日朱鹮保护的国际使者。每次到来，他都要去洋县的一些农村，帮农民插秧，给小学生带来一些文具。当村本先生得知中国保护拯救朱鹮缺乏资金时，他亲自身佩捐款带、捧着募捐箱上街向行人演讲募捐，千方百计为保护拯救朱鹮募集资金。常秀云去日本的时候，也跟他一起在街上参加过几次募捐。村本先生每次来到中国，都是常秀云陪同，为此常秀云还自学了日语，并始终被老人的精神所鼓舞。

当村本先生得知中国保护拯救朱鹮缺乏资金时，他亲自身佩捐款带、捧着募捐箱上街向行人演讲募捐，千方百计为保护拯救朱鹮募集资金。常秀云去日本的时候，也跟他一起在街上参加过几次募捐。

从1981年到1996年，中国朱鹮的种群数量终于从七只艰难地超过了50只。我国的朱鹮保护工作者和朱鹮研究专家一直如履薄冰，大家不敢想象万一有什么大的疫情，朱鹮种群可能会全军覆没。

“因为朱鹮如此珍贵，当时数量极其有限，只能等朱鹮数量达到一定基数，才能进行试验。研究试验也是有很大风险的，因此，起初的人工繁殖研究试验进展很缓慢。”在中国朱鹮数量超过50只之后，常秀云和同事们才加快了朱鹮人工繁殖的试验。

受林业部的委托，北京动物园从1981年开始饲养朱鹮，当时收养了姚家沟的一只幼鸟华华。1986年，林业部在北京动物园成立了“朱鹮饲养繁殖中心”，洋县境内的六只朱鹮幼鸟被送到北京，进行人工繁殖试验。北京气候寒冷，这些从汉中小江南过来的鸟儿很不适应，为了照顾朱鹮，动物园专门设计了防寒的笼舍，内设暖气和空调。经过八年的适应期，洋县朱鹮终于适应了北京的水土，开始安居乐业，繁育后代。1989年，世界上第一只人工繁殖的朱鹮在北京动物园出生。

1993年3月，通过陕西省林业厅与上海动物园协调，洋县朱鹮保护站聘请在鸟类繁育研究方面卓有建树的专家何宝庆担任科学顾问，请他专门来洋县承担朱鹮的人工繁殖研究工作。

1993年3月，通过陕西省林业厅与上海动物园协调，洋县朱鹮保护站聘请在鸟类繁育研究方面卓有建树的专家何宝庆担任科学顾问，请他专门来洋县承担朱鹮的人工繁殖研究工作。何宝庆制订了“野外取卵、人工孵化”的计划。3月下旬，他们从野外的几处鸟巢中取回了七枚朱鹮蛋，放进了孵化箱，因其中五枚卵是无精卵，当年只孵出了两只雏鸟。

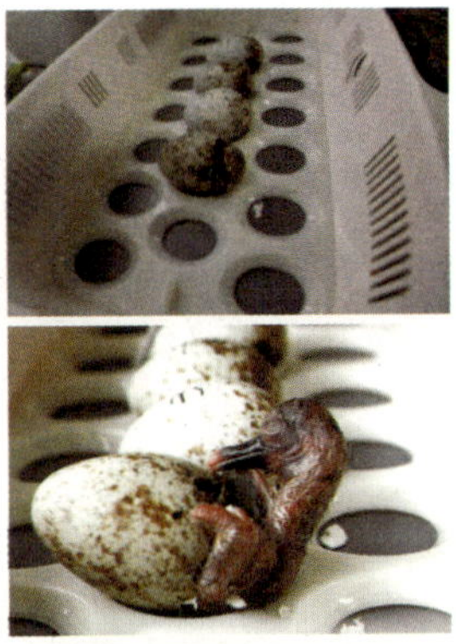

人工孵化朱鹮

如何在人工的网笼里，让朱鹮自然地交配、筑巢、繁殖？这需要突破很大的技术障碍。从1995年开始，常秀云和保护人员想了各种办法，尽量模拟野生环境进行人工饲养。在不断地研究、探索下，经过无数次的试验，人工饲养朱鹮的繁殖技术终于取得突破性进展。

2000年，中国朱鹮的种群数量终于达到了100只，这让“朱鹮公主”常秀云稍感轻松，觉得朱鹮拯救事业有了希望。

人们庆祝朱鹮首次人工孵化成功

第五章
我的眼里只有你

日本的朱鹮灭绝后，全世界只有中国陕西的天空中还能见到朱鹮美丽的身影，这个命运多舛的吉祥物种还能在世上留存多久，一直是个未知数，这也是常秀云和她的保护研究团队多年来心上始终卸不掉的重担。

因为一对野生朱鹮亲鸟每年只繁殖一次，每次产卵2~4枚，加上自然危害，朱鹮的数量在很长一段时间内仍然在十几只左右徘徊。陕西洋县的野生朱鹮保护一直在摸索中进行着，这种就地保护以及生态恢复的保护研究方式真能挽救这些在濒危线上徘徊的吉祥之鸟吗?

“到2000年以后，禽流感流行，我们觉得朱鹮在一个地方饲养比较危险，于是我们决定在陕西省周至的楼观台，进行朱鹮异地人工饲养，以免朱鹮感染禽流感而全军覆没，随后准备恢复朱鹮的历史分布地，我们叫异地再引入。后来我们经过考察论证以后，决定在宁陕县进行野化放飞。”

所谓异地再引入和野化放飞其实就是在朱鹮曾经的历史分布地放飞人工饲养的朱鹮，恢复它的历史分布地。这个工作对常秀云来说同样没有任何经验可借鉴，完全是摸着石头常秀云认为，作为一个物种要在这个地球上永续地、长期地生存下去，必须得要扩大它的分布范围，若只在洋县就地保护，这是远远不够的。

朱鹮野化放飞

过河。

常秀云认为，作为一个物种要在这个地球上永续地、长期地生存下去，必须得要扩大它的分布范围，若只在洋县就地保护，这是远远不够的。

2007年5月31日，26只人工饲养的朱鹮被带到了宁陕县，放飞到野外。放飞之前，常秀云为它们定制了野外生存训练试验，在特制的大网笼内对飞翔能力、觅食能力、抵御天敌的能力以及繁殖能力进行驯化、训练。

对于人工饲养长大的朱鹮，一旦放归自然就完全靠自己觅食生存了，如果放飞失败那将损失惨重，这种尝试如何达到目的呢？“人工饲养的朱鹮吃的都是人工加工的饲料，比方说精牛肉，泥鳅也吃但是很少，在野化训练的时候就要多给它们吃一些野外适合它们觅食的食物，比方说小青蛙、蝌蚪、蚂蚱。在野外它们能够见到的这些动物，我们都要抓回来以后在大网笼里给它们投食。”

这种没见过的食物投放给朱鹮时，它们真的能接受吗？在第一次投放青蛙的实验中，饲养员始终密切关注着。在数小时的时间内虽然只有一只朱鹮捕食青蛙，但是常秀云的觅食训练正是在这样的尝试中开展起来的。

通过觅食训练，朱鹮逐渐能够认识这些能吃的食物，并能够适应吃这些食物。为了增强朱鹮的繁殖能力，常秀云认为每到繁殖的季节，应该让朱鹮自己进行筑巢。在人工饲养条件下，饲养员会给它一个筐子，然后让它自己衔巢材进去。但是到野外需要让它自己能够搭建它的窝，先要能够找到巢树，再训练搭建巢窝，这些都需要在大网笼驯化。

经过一年多的大网笼野化训练，26只人工饲养的朱鹮被放飞到了宁陕县的野外，常秀云最担心的就是朱鹮能不能安全越冬。

那个冬天，常秀云带人拿着无线电发射器，骑着摩托车背着接收器，朱鹮在哪儿就跟踪朱鹮跑到哪儿。经过一年的跟踪观测，保护人员发现除了个别的朱鹮不适应环境发生意外之外，总体情况非常好。

虽然坐巢的两对朱鹮仅有一对繁殖出幼鸟，但是这却是朱鹮保护历程中里程碑式的进展，这是世界上第一窝朱鹮野化放飞成功繁殖的幼鸟。

朱鹮野化放飞

虽然坐巢的两对朱鹮仅有一对繁殖出幼鸟，但是这却是朱鹮保护历程中里程碑式的进展，这是世界上第一窝朱鹮野化放飞成功繁殖的幼鸟。对此时的常秀云来说，意义非凡，这是她大学毕业从事朱鹮研究的第25年。

“当时太高兴了，

这窝幼鸟是全世界第一例朱鹮野化放飞后繁殖的成果，遭此不测，常秀云和保护人员们一时间都不知怎么办好。“我赶紧就组织巡查员帮我打蛇。”

真的，因为这是我们在这个濒危物种的保护和拯救上的一个非常成功的案例，所以我又紧张又高兴。”

在朱鹮繁殖的季节，常秀云带着生病的孩子在宁陕县待了三四个月。朱鹮巢穴在老乡家房后山坡上的一棵大树上，常秀云就吃住在老乡家里。

2008年4月27日中午，常秀云正在老乡家吃午饭，突然听到大树上朱鹮亲鸟嘎嘎地惊叫。大吃一惊的常秀云，丢下碗筷，起身就咚咚往山坡上跑，还没喘过气，便用望远镜查看。哎呀，是一条蛇！一条王锦蛇进了朱鹮巢穴！一只雌性亲鸟在嘎嘎地惊叫盘旋。

这窝幼鸟是全世界第一例朱鹮野化放飞后繁殖的成果，遭此不测，常秀云和保护人员们一时间都不知怎么办好。“我赶紧就组织巡查员帮我打蛇。”至今讲起当年的情形，常秀云仍然紧张地两手挥舞，恨不得自己亲自爬上树，抓了那条蛇。

保护人员迅速开始行动。大家的心都悬着，幼鸟还有希望吗？这时，常秀云看到朱鹮巢中幼鸟在挣扎，看来王锦蛇已经开始下口了。常秀云急得跺脚，哭喊起来：“快呀！快呀！”

但是，保护人员的营救并不顺利，由于树高干粗，那棵树有四五十米高，半途不得不放弃。常秀云急得打电话给当地政府的主管领导，提出把消防急救云梯车开来，她也是急晕了头，消防车就是赶到这里来，也是来不及的。

《大家》栏目中的常秀云

《大家》栏目中的常秀云

这只雕鸟盘旋不久，竟飞落在鸟巢旁边一米远的地方，眼睁睁看着孩子们处在生死边缘却无能为力，只能高声地哀鸣着。

保护人员很快找来一根长竹竿，试图把朱鹮巢里的王锦蛇捅下来，但是第一根竹竿太重，没法用劲。第二根竹竿又不够长，此时，常秀云在旁边声嘶力竭地叫喊：“拿绳子，拿绳子绑！”观察员把自己绑在树上往上爬。常秀云指挥着众人帮忙，让观察员尽量往上，再用竹竿够着鸟巢。眼看王锦蛇就在头顶却够不到它，所有人都替巢树上幼小的生命捏一把汗。

竹竿终于碰到了王锦蛇，被挑落半截身子的王锦蛇嘴上还叼着一只朱鹮幼鸟，突然蛇一松口，幼鸟掉了下来。竹竿戳动，王锦蛇顺着树枝溜走了，而掉下来的幼鸟却已经窒息而亡。

赶走了王锦蛇，常秀云发现朱鹮巢内没有了一丝动静。

没想到坚持了25年，刚刚看到成果，今天突遭横祸毁于一旦，常秀云的心情跌到了谷底。难道真的前功尽弃了吗？常秀云总有些不甘心，她一直拿着望远镜观察着巢里的动静。

半个小时后，常秀云突然叫了起来，“啊！还有小朱鹮！”她发现朱鹮巢里有个小脑袋在微微颤动。此时的常秀云高兴得手舞足蹈起来。过一会儿，又有个小脑袋冒了出来。“太好了，还有两只。”那一刻，常秀云喜极而泣，坐在地上半天不起来，早已忘记了顾及“朱鹮公主”的形象，她的眼里只有朱鹮。而当天发生的这一幕，被赶来拍摄朱鹮的电视台记者碰巧赶上，“朱鹮公主”急切营救朱鹮的一幕被拍入镜头，而她自己并不知道。直到2016年，中央电视台《大家》栏目对她进行专题报道，采用了那段影像，她才难为情地说：“删除啊，多不好意思，删除啊。”编导最终没有删除，因为这个镜头中“朱鹮公主”率真的本色，弥足珍贵。

2007年，常秀云放飞的朱鹮繁殖成功，开创了世界朱鹮

> 2007年，常秀云放飞的朱鹮繁殖成功，开创了世界朱鹮野化放飞成功的先例。2008年，常秀云在陕西宁陕县共野化放飞朱鹮60只，成活率达到56%。到2010年，宁陕朱鹮已经成功自然繁殖出子一代。

野化放飞成功的先例。2008年，常秀云在陕西宁陕县共野化放飞朱鹮60只，成活率达到56%。到2010年，宁陕朱鹮已经成功自然繁殖出子一代。

2013年，常秀云开始准备把秦岭南坡洋县的朱鹮带到秦岭以北黄土高原南端的陕西铜川野化放飞，因为这里曾经也是朱鹮的历史栖息地。要完成如此大跨度的异地再引入，对常秀云是个不小的考验。

常秀云很快在耀州区柳林林场旁建起了大小网笼，开始野化放飞前的各种准备，当地林业局动物保护站的工作人员在常秀云的指导下开始迎接这项全新的挑战。起初大家心里都没底。

“我为什么有信心呢？那年冬天我也在监测，沮河流域冬天河边界结冰，但是中间不结冰，而且即使边界结了冰，太阳一出来就化了，而我选择的这个柳林林场前面的这条河流是比较向阳的。”作为一位野生动物研究专家，常秀云常年在野外的工作经验让她具有与众不同的辨别能力，恰恰是对柳林林场门前这条河的考察让常秀云吃了定心丸。

经过一个冬天的考验，铜川放飞的朱鹮不仅安然无恙，而且生儿育女，它们没有辜负常秀云独到的眼光和苦心的设计。

2013年铜川野化放飞后，2014年成功繁殖两只幼鸟；2015年，筑巢8个，初飞幼鸟14只；而2016年春天的繁殖季，已经筑巢11个。

一号朱鹮巢的一对亲鸟，2016年已经连续第三年繁殖了，可以说是铜川朱鹮种群的“功勋夫妻”。让常秀云特别高兴的是，这对朱鹮2014年繁育出的孩子，在2016年已经性成熟，并在不远处的杨树上筑巢产卵，如果繁育成功，铜川野化放飞就有了标志性的成果诞生。

跋山涉水，追逐守望着朱鹮，年轻的常秀云辛苦并快乐着

2016年4月，正是朱鹮的繁殖季节。陕西铜川耀州区的柳林林场旁，常秀云正在密切地通过望远镜观察着这里的几窝正在繁殖的朱鹮。而一旁的几人，正对着常秀云摄像，央视《大家》栏目组，正对陕西省林业厅的教授级高级工程师常秀云进行采访。

常秀云对这窝幼鸟的出世满心期待，但是当她爬上树对面的土坡高处查看时，朱鹮巢的情况却让她忧心忡忡，因为巢里只有卵却没有亲鸟坐巢。

有些失望的常秀云站在高处俯瞰这里的地貌，又为这对朱鹮亲鸟的巢树选址而感到欣慰。因为不远处另一对朱鹮如今已经繁育出三只幼鸟了。

常秀云带领工作人员以最快的速度为三只幼鸟佩戴好环志标识，然后再把它们放回巢内，以备以后观测研究，这个过程中朱鹮亲鸟就在旁边的树上看着，为了不让亲鸟受到长时间的惊吓，他们必须尽快完成对幼鸟的数据测量、环志标识佩戴等工作并让它们回到巢里。在常秀云的指挥下，大家的动作快速而有序。做好各种测量和环志标识佩戴后，幼鸟安全回到巢里，整个过程不到十分钟。之后，这三只朱鹮幼鸟将作为铜川朱鹮种群的新生力量被长期关注。

一号朱鹮巢的一对亲鸟，2016年已经连续第三年繁殖了，可以说是铜川朱鹮种群的“功勋夫妻”。让常秀云特别高兴的是，这对朱鹮2014年繁育出的孩子，在2016年已经性成熟，并在不远处的杨树上筑巢产卵，如果繁育成功，铜川野化放飞就有了标志性的成果诞生。

紧接着，常秀云又指挥工作人员在朱鹮营巢的树干上安装刀片、挂伞形防蛇罩，以对付蛇、鼬科动物等朱鹮的天敌。为防止小朱鹮从树上跌落，他们还在树下挂起了巨大的保护网。这样的保护方法虽然简单但却非常有效，这是朱鹮科研保护人员长期实践得来的。在朱鹮繁殖期，工作人员还要全天候守护每一枚卵和每一只雏鸟。

即将诞生子一代的朱鹮巢出了问题，这一直让常秀云放心不下。第二天她又来到这里，想再看看究竟有没有出现转机

舞动的精灵

的可能。朱鹮巢里仍然没有亲鸟，这么长时间的暴露，这几枚卵孵化出小鸟的机会已经基本没有了。当常秀云正在为这窝朱鹮繁殖的失败惋惜之时，两只亲鸟飞了回来。看着朱鹮亲鸟在曾经付出心血的巢树周围盘旋时，常秀云流下了感动的热泪。虽然这对亲鸟并没有入巢，而是围着巢树盘旋几周后，又眷恋无奈地飞走了。但常秀云坚定地相信，来年，也就是2017年，这对朱鹮会成功繁育出自己的孩子。

后来到底怎么样呢？“呵呵呵，很幸运，2017年和2018年，这对朱鹮连续两年成功繁育了三只幼鹮。现在看来，铜川野外放飞朱鹮成功了。”“朱鹮公主”常秀云一脸幸福地笑着。

这30多年来，常秀云对朱鹮的就地保护与拯救、朱鹮异地再引入工程的实施和研究，以及朱鹮种群数量和栖息地的扩大做出了杰出贡献。从1997年至今，常秀云任陕西省野生动物保护协会副秘书长，2006年被评为教授级高级工程师，2009年获得“全国三八红旗手”称号，2014年获得“全国优秀科技工作者”称号，2016年获得科技部等部委的“全国优秀科普工作

这30多年来，常秀云对朱鹮的就地保护与拯救、朱鹮异地再引入工程的实施和研究，以及朱鹮种群数量和栖息地的扩大做出了杰出贡献。从1997年至今，常秀云任陕西省野生动物保护协会副秘书长，2006年被评为教授级高级工程师，2009年获得“全国三八红旗手”称号，2014年获得“全国优秀科技工作者”称号，2016年获得科技部等部委的“全国优秀科普工作者”的称号。同年，常秀云接受央视《大家》栏目专访。

常秀云在国际朱鹮保护交流会上发言

当年的野生朱鹮保护“四人小组”都已步入花甲之年，他们齐聚在这里，迎接老朋友“朱鹮公主”的到来。

者”称号。同年，常秀云接受央视《大家》栏目专访。

常秀云现在做得更多的是呼吁政府有关方面和社会公益组织能进一步加入保护朱鹮的事业中来，她希望在陕西能够建立一个以朱鹮为主题的博物馆或者主题公园，作为向世界展示中国保护、拯救朱鹮的成果和普及朱鹮知识的一个窗口。

汽车行驶在从西安到洋县的京昆高速公路上，秦岭长长短短的隧道接踵而过。两个多小时的行程，“朱鹮公主”常秀云一直声情并茂乐呵呵地讲述着朱鹮的故事。

“原来的朱鹮具有迁徙的习性，我们现在的朱鹮还不具有这样规律性的迁徙，只是一些盲目性的扩散。恢复它的迁徙习性，我们东亚的天空都能够有朱鹮飞翔的身影，这是我的一个理想和梦想。呵呵呵。希望在自己的有生之年，这个梦想能够实现。”

洋县朱鹮广场上，七根城市标志环柱上，雕塑着七只精美的朱鹮，它们在展翅飞翔。当年的野生朱鹮保护“四人小组”都已步入花甲之年，他们齐聚在这里，迎接老朋友“朱鹮公主”的到来。

国家4A级景区朱鹮梨园景区的七根憩鹮柱

第六章
东方遍舞中国鹮

朱鹮的故事就是人的故事，朱鹮的传奇也是人的传奇。

因朱鹮结缘，几位老朋友见面，聊不完的话题依然是朱鹮、朱鹮人。常秀云与路宝忠、赵志厚、陈有平、王跃进他们几人上次见面，是在2018年5月洋县召开的首届朱鹮国际论坛上。那次会议，80余岁的刘荫增也应邀出席并做了发言，这让路宝忠他们欣慰不已。刘老精神矍铄，还为朱鹮发现地纪念碑的落成仪式揭幕。

从1978年中科院成立朱鹮科考队寻找朱鹮开始，中国朱鹮工作者们便倾注了全身心的精力。寻找朱鹮、保护朱鹮、研究朱鹮、人工饲养繁殖朱鹮、野化训练朱鹮、异地放飞朱鹮，每前进一步，都如履薄冰，每一段行程，都举步维艰。41个春夏秋冬，日复一日，年复一年，风雨无阻，为拯救濒临灭绝的朱鹮，他们在与时间赛跑。

41年的岁月，见证了中国改革开放的历程，也见证了中国朱鹮保护与拯救事业的筚路蓝缕，更见证了中国朱鹮保护与拯救取得的辉煌成绩。

当中国发现朱鹮并竭尽全力拯救朱鹮的同时，日本政府也

“洋洋”这一名字，代表着它的故乡洋县；“友友”这一名字，是希望中日友谊长存。这两只朱鹮都属于陕西朱鹮救护饲养中心人工繁殖的“子一代”个体，友友和洋洋承载着厚望，远赴日本。

多次与中国政府协商，希望中国政府出借朱鹮给日本，以拯救日本朱鹮。

1985年10月，中国政府将饲养在北京动物园的一只雄性朱鹮华华出借给日本三年。日本将华华与本土雌性朱鹮阿金配对，可惜直到1988年也没能配对成功，年逾20岁的阿金已丧失生育能力。

1990年，日本将国内的雄性朱鹮阿绿送到中国，与北京动物园的雌性朱鹮姚姚配对，两只朱鹮在繁殖期实现交尾，但连续3年姚姚都产下无精卵，这说明日本朱鹮阿绿已经丧失了繁殖能力。

1994年9月，中国朱鹮龙龙、凤凤东渡日本，支援日本朱鹮的繁殖。非常可惜的是，抵达日本三个月后，龙龙不幸意外死亡，日本人工繁殖朱鹮的计划再度夭折。

1995年春，凤凤和日本朱鹮阿绿配对，日本人希望它们能够繁殖出后代，但凤凤所产五枚卵全为无精卵。4月30日，阿绿因年老体衰，患病死亡。之后日本将凤凤送回中国。

朱鹮在大笼中飞翔

1998年11月，应日本方面的第三次恳求，中国向日本赠送了一对朱鹮友友和洋洋。“洋洋”这一名字，代表着它的故乡洋县；“友友”这一名字，是希望中日友谊长存。这两只朱鹮都属于陕西朱鹮救护饲养中心人工繁殖的“子一代”个体，友友和洋洋承载着厚望，远赴日本。

1999年春天，友友和洋洋成功繁育出了后代优优，它是一只雄性朱鹮。优优的出生轰动了日本。当年5月21日下午4时许，日本NHK电视台中断了正在现场直播的相扑比赛节目，抢播了一条新闻：位于新潟县佐渡岛的佐渡朱鹮保护中心人工孵化的朱鹮幼鸟于下午3时30分破壳而出，这是日本人工孵化出的第一只朱鹮。

同行

佐渡朱鹮保护中心成了日本各大媒体关注的焦点，那里的停车场停满了电视转播车，每天都有当地的中小学生前来询问朱鹮孵化的情况，孩子们高兴地唱着以朱鹮为主题的歌曲，议论着给朱鹮幼鸟起名的事。

佐渡朱鹮保护中心成了日本各大媒体关注的焦点，那里的停车场停满了电视转播车，每天都有当地的中小学生前来询问朱鹮孵化的情况，孩子们高兴地唱着以朱鹮为主题的歌曲，议论着给朱鹮幼鸟起名的事。

2000年5月，友友和洋洋生下了一雄一雌两只幼鸟，分别命名为新新和爱爱。“新新”二字出自朱鹮保护中心所在地的地名——新潟县新穗村，又具有“面向新世纪、满怀希望”的含义，而“爱爱”则有“爱心、深受喜爱”的寓意。友友与洋洋的家族鸟丁兴旺，日本人自然对中国人心怀感激。5月25日，栗原博久代表日本环境大臣专程到中国陕西致谢。

为了给优优寻找一位雌性伴侣，日本方面再次恳求中国政府提供一只朱鹮。10月，时任国务院总理的朱镕基代表中国政府向日本提供了一只雌性朱鹮美美，与优优配对。美美是陕西朱鹮救护饲养中心人工繁殖的“子二代”个体。2001年，美美与优优成功繁育出五只雏鸟。

朱鹮作为国礼，在缔结中日友谊上，担当起了“外交大使”的角色。在中国的帮助下，日本佐渡朱鹮中心掌握了朱鹮

2003年10月10日，日本本土最后一只朱鹮阿金死亡，它活了36岁，远远超出野生朱鹮20~25岁的寿命。阿金死亡标志着日本本土朱鹮就此灭绝。虽然那个热爱朱鹮的国度用尽了各种办法，还是没能挽留住日本本土血统朱鹮在天空中的身影。日本为阿金树了一座碑，以示纪念。

人工繁殖技术，建立起了新的朱鹮人工种群，洋县的朱鹮血脉播向了日本，并稳定地繁衍生存下来。

2003年10月10日，日本本土最后一只朱鹮阿金死亡，它活了36岁，远远超出野生朱鹮20～25岁的寿命。阿金的死亡标志着日本本土朱鹮就此灭绝。虽然那个热爱朱鹮的国度用尽了各种办法，还是没能挽留住日本本土血统朱鹮在天空中的身影。日本为阿金树了一座碑，以示纪念。

日本最后的朱鹮阿金纪念碑
（照片提供者　任苗苗）

2007年，国务院总理温家宝访日，代表中国政府再向日本赠送一对朱鹮华阳和溢水，这是陕西朱鹮第三次荣任“中日友好使者”。

当年11月20日，友友、洋洋、美美这三只赠送给日本的朱鹮繁育的13只朱鹮从日本回到中国“认祖归宗”，这些朱鹮被安置在河南省董寨国家级自然保护区，成为又一个扩大的种群。

2008年4月16日，从陕西省楼观台引进的十只朱鹮运抵浙江省德清县下渚湖，由此拉开浙江朱鹮人工迁地保护暨野生种群重建工程的序幕。

2008年9月25日，日本在新潟县佐渡市举行首次朱鹮野化放飞，中国朱鹮专家常秀云应邀参加了这次放飞仪式活动，与中国驻日本大使崔天凯夫妇、日本皇室秋筱宫亲王夫妇、环境大臣齐藤铁夫等人共同放飞了十只朱鹮。但那次放飞总的来说是失败的，因为放飞后雌鸟全部飞走了，就剩下几只雄鸟，当然不能繁殖。2008年以后的十年里，日本先后18次共放飞308只人工饲养的朱鹮。截至2018年5月，日本境内共有216只人工饲养的朱鹮以及281只在野外生存的朱鹮。

2008年10月17日，根据当年8月胡锦涛主席访问韩国期间与韩国总统李明博的约定，中国政府向韩国政府赠送了一对朱

2011年，广州长隆飞鸟乐园引进朱鹮进行人工繁殖，经过七年，繁殖至第三代，育雏成活率达到96%以上。到2018年，长隆飞鸟乐园已经拥有150多只朱鹮，形成华南地区最大的种群。

截至2018年5月，我国朱鹮分布地已从发现朱鹮的陕西，发展到北京、河南、浙江、四川、广州等地，中国境内朱鹮种群数量已超过2500只。“东方宝石”在神州大地上空翩跹起舞。

鹮，用于两国开展合作繁殖研究。这对朱鹮来自陕西洋县朱鹮繁育中心，雄性名为“洋洲”，雌性名为“龙亭”。

2009年4月，在韩国定居的“洋洲”和“龙亭”连续产下了六枚卵。5月4日深夜，一只小朱鹮在韩国庆尚南道昌宁郡朱鹮复原中心破壳而出，它是30年来在韩国诞生的首只朱鹮。2018年5月，韩国朱鹮已繁育出309只朱鹮。

2009年11月，浙江德清又迎来了十只朱鹮，这些具有“中国血统”的小朱鹮从日本回国，它们来到德清下渚湖湿地，与从陕西楼观台引来的十只朱鹮一起生活。

2011年，广州长隆飞鸟乐园引进朱鹮进行人工繁殖，经过七年，繁殖至第三代，育雏成活率达到96%以上。到2018年，长隆飞鸟乐园已经拥有150多只朱鹮，形成华南地区最大的种群。

2016年11月，四川省自然资源科学研究院峨眉山生物资源实验站分别从河南董寨、陕西楼观台、浙江德清共引进50只朱鹮。2017年，56只朱鹮雏鸟陆续出现在峨眉山下。这是朱鹮物种阔别四川半个多世纪之后，重新回到川蜀大地。

从1981年的七只野生朱鹮开始拯救保护，38年过去了，陕西境内朱鹮分布范围已从洋县扩大到了汉中、安康、宝鸡、西安、渭南、铜川等地。截至2018年5月，我国朱鹮分布地已从发现朱鹮的陕西，发展到北京、河南、浙江、四川、广州等地，中国境内朱鹮种群数量已超过2500只。“东方宝石”在神州大地上空翩跹起舞。

目前，生活在中国、日本及韩国的朱鹮总数量已达3300余只，它们都是中国洋县发现的那七只朱鹮的子孙后代。

美丽的朱鹮渐渐远离了濒临灭绝的阴影，朱鹮种群复壮工程迈上了新的台阶，朱鹮物种拯救事业有了光明前景。这是朱鹮和人类共创的奇迹。

2018年5月23~24日，首届朱鹮国际论坛在洋县召开，中日韩三国朱鹮拥有地的地方政府代表、朱鹮保护专家及保护机构负责人参会，介绍了各自的朱鹮生存现状，交流了朱鹮研究与保护取得的最新成果。中日韩三国朱鹮拥有地的地方政府代表、俄罗斯地方保护区管理局代表和朱鹮发现者刘荫增共同为新建立的朱鹮发现地纪念碑揭幕。论坛还举办了朱鹮手工艺品展、朱鹮画展等朱鹮文化活动。

2018年11月，来自北京的老常在陕西洋县朱鹮生态园的“观鸟台”上全神贯注地凝视着朱鹮，生怕错过每一个最佳拍摄瞬间。这已经是老常第五次光临陕西洋县朱鹮生态园了。

天公不作美，这天从早晨开始洋县全县陷入浓雾重重包围，为老常的拍摄带来麻烦。从北京自驾长驱洋县，行程15个小时，老常此行的目的只有一个，用手中的镜头记录下朱鹮的每一次展翅。与以往不同，老常这次为朱鹮带来了三位新朋友。朱鹮与老常是老相识了，朱鹮毫不吝啬地展现着它婀娜的身姿，配合着老常的快门声。

“一次能拍到一两张满意的，就算对自己有个交代了。”

从北京自驾长驱洋县，行程15个小时，老常此行的目的只有一个，用手中的镜头记录下朱鹮的每一次展翅。

朱鹮发现者刘荫增先生与论坛嘉宾见面

岁月流逝，悄无声息，朱鹮人的青丝早已成霜

师生相聚，聊的最多的还是朱鹮

朱鹮发现地纪念碑揭幕仪式（摄影　田瑞）

中国第一代护鹮人（摄影　田瑞）

来自北京的老常带着朋友来洋县拍摄朱鹮

朱鹮是与大熊猫一样珍贵的国宝。早在1984年，中国邮电部就发行了一套三枚朱鹮邮票，分别为《翔》《涉》和《栖》，著名邮票设计大师李印清先生就是这套邮票的设计者，当年他是国家邮电部邮票设计室主任。

老常感叹，拍摄朱鹮不易。雾霭渐渐散去，老常终于收获了一张满意的照片，脸上顿时露出了笑颜，“能拍到这么美的朱鹮，简直就像喝了二锅头一样美。”

像老常一样，每天都有慕名来洋县观察朱鹮的摄影家、画家，更多的是游客，还有学校组织来的学生，他们观赏朱鹮、拍摄朱鹮、描画朱鹮。他们赞叹着朱鹮的美。

朱鹮是与大熊猫一样珍贵的国宝。早在1984年，中国邮电部就发行了一套三枚朱鹮邮票，分别为《翔》《涉》和《栖》，著名邮票设计大师李印清先生就是这套邮票的设计者，当年他是国家邮电部邮票设计室主任。

“邮票是一个国家意志的表现，因此发行邮票是国家行为。选择什么样的题材，要经过严格的审查。”如今已80多岁的李印清说。朱鹮是国宝级的野生动物，属于珍禽异兽，有着相当高的价值。接到设计朱鹮邮票的任务时，他还没有见过朱鹮，为此他走访了很多专业部门，查阅了很多资料，包括日本

朱鹮邮票

朱鹮邮品

出版的朱鹮画册。那时北京动物园正好有一只受伤的朱鹮幼鸟，在国家有关部门的特批下，李印清才得以和朱鹮有了亲密接触。经过三个月的精心创作，李印清终于完成了《朱鹮》的邮票设计。还没等邮票发行，李印清就迫不及待地赶往洋县，“就是奔着朱鹮去的！它已经在我的心里筑了巢”。

著名作家陈忠实先生曾在《拜见朱鹮》中写道：“朱鹮，一袭嫩白，柔若无骨，在稻田里踯躅是优雅的，起飞的动作是优雅的，掠过一畦畦稻田和一座座小丘飞行在天空是优雅的，重新落在田埂或树枝上的动作也是一份优雅。这个鸟儿生就的仙风神韵，入得人眼就是一股清丽，拂人心垢。头顶一抹丹红，长长的紫黑的喙的尖头竟然是红色，两条细长的腿红色惹眼，白色翅膀的内里却是红色的，像是白面红里的被子，通体嫩白中点缀着几点丹朱，凭想象尽可以勾勒它的美妙了。”

2014年，上海歌舞团创作的以中国朱鹮保护与拯救为主题，由著名青年舞蹈家朱洁静、王佳俊领衔主演的大型舞剧

《朱鹮》舞剧

舞剧《朱鹮》主演朱洁静

2015年，《朱鹮》剧组首次来到朱鹮的故乡陕西洋县拜见朱鹮，并在西安献礼演出。2016年，《朱鹮》舞剧再次来到西安，献礼“朱鹮保护拯救35周年”。2018年5月，《朱鹮》舞剧参加朱鹮国际论坛，再次轰动古城。

《朱鹮》在上海隆重上演，华美惊艳，震撼心灵。当年《朱鹮》在日本连续巡演100场，场场爆满。那唯美的画面、动人的故事，让观众爆发出阵阵持久的掌声。2015年，《朱鹮》剧组首次来到朱鹮的故乡陕西洋县拜见朱鹮，并在西安献礼演出。2016年，《朱鹮》舞剧再次来到西安，献礼“朱鹮保护拯救35周年”。2018年5月，《朱鹮》舞剧参加朱鹮国际论坛，再次轰动古城。每场演出结束时，座席上的观众都不约而同地全体起立，掌声经久不息，致使参演人员不得不连续三次谢幕，观众们才留恋不舍地离席。一场舞剧让观众潸然泪下，这是艺术的魅力，也是朱鹮的生命之美感动了人类。

第七章
朱鹮圣地姚家沟

雪后初霁，仅两三日，汉中盆地的茫茫白雪就了无踪迹，冬日的阳光温润着汉江两岸，棋格似的田野被小麦、油菜染成翠绿，秦岭南坡枝头上的红叶泛着醉人的亮光。

“再去一趟姚家沟看看吧。”路宝忠仍像当年的带头大哥一样向老朋友们提议。

“好呀，我也有好些年没去了。”常秀云欣然从西安赶来。

2018年岁末的一个晴日，当年的护鹮“四人小组”和“朱鹮公主”常秀云等人一起，再访姚家沟。

驾车出洋县县城北行，低山浅陵之间，满眼尽是高高低低的梨树。“这里就是朱鹮梨园，每到春天，万亩梨花怒放，遍地油菜花绽开，那太好看了！尤其是能看到朱鹮从空中飞过，那景色太迷人了！”路宝忠兴奋地介绍着，几多自豪还有几分陶醉。

溪流畔边，乡道两旁，到处是粉墙红瓦的乡村房舍，整洁宁静。

“变化真大，30年前，这条路还是泥路，可难走了，晴绕行到山梁，但见山林幽深，树木葱茏，已进入汉中朱鹮国家级自然保护区。蜿蜒盘行，翻过几道山梁，越过几道山沟，一个多小时，来到一个较为宽阔的山口，两条山谷溪流在此交汇，这里就是大店村的村口了。

天一身灰，雨天一身泥。”常秀云感慨着。道路两旁，不时能发现30年来各个时段设置的朱鹮宣传标识，朱鹮文化已浸润在乡野的各个角落。

近两小时，就到了八里关镇，也就是之前的八里关乡乡政府所在地，当年路宝忠及兄弟们所需的日用品，都得到这里的商店购买。从这里继续前行到大店村的路，当年由朱鹮保护站资助修建，被人们称为朱鹮路，如今被整修一新，铺设成双车道柏油马路。绕行到山梁，但见山林幽深，树木葱茏，已进入汉中朱鹮国家级自然保护区。蜿蜒盘行，翻过几道山梁，越过几道山沟，一个多小时，来到一个较为宽阔的山口，两条山谷溪流在此交汇，这里就是大店村的村口了。

在大店村村口的山脚下，庞福娃的新房竣工。沿左边山坡进山，可直到姚家沟

沟口的山脚下，一栋崭新的二层小楼刚竣工。主人早就迎了出来。“哈哈，他叫庞福娃，姚家沟的，当年我们到时，他才八九岁。现在，他发了呀。”路宝忠一边亲热地拍着庞福娃的肩膀，一边向众人介绍着。“老站长好，赵校长好。我还上过朱鹮小学呢。”庞福娃热情地招呼着。

当年“四人小组”入住姚家沟时，可把庞福娃高兴坏了，他熟悉姚家沟的沟沟坎坎，经常带着小伙伴们到村里村外的田里捉泥鳅、黄鳝，带回来交给路宝忠他们喂朱鹮，那是他阳光般灿烂的少年岁月。如今，年近半百的庞福娃带着一家人，从姚家沟搬到了山下。“姚家沟在深山里，交通不便，我搬到大店村村口，搞农家乐，这几年发展得很好。”庞福娃满足地笑着，身材已略发福。

庞福娃（中）已搬离了姚家沟，当年发现朱鹮时，他才八岁

“姚家沟还住着谁？”路宝忠问庞福娃。

“唉，住里面日子太艰难，前几年还有几个老人住，去世了好几个，年轻的都搬走了。现在只有庞朝贵一个人住在上面，他在那里养牛羊、养蜂。”庞福娃一脸的无奈和叹息。

当年七户人家的房屋早已倒塌，只留下庞朝贵一人住在姚家沟

顺着庞福娃新房背后的山坡进山，便能到达姚家沟，只能徒步跋涉，需要近两个小时的行程。“山里的路不好走，一定注意安全啊。回来在这儿歇歇，我把饭菜准备好。”身后的庞福娃热情地招呼着。“好啊，你多准备些素菜。”路宝忠回应着。是的，山里人淳朴真诚，也就没必要客气了。

曲曲折折、高高低低的山路，时而被荆棘灌木丛和厚厚的落叶掩盖着，路宝忠走在最前面，他说他最熟悉这条山路。“你总不会又带错路吧。”王跃进调侃着路宝忠几十年前带他们进山走错路的情景。“哈哈，不会的。怎么会呢？眼睛闭着也不会错。”大伙都开心地笑了。

“朱鹮公主”常秀云走在中间，她受到男同事们的特别保护。“这是几十年前就形成的规矩。”走在后面的赵志厚笑呵呵地说。是的，这条山路上，几十年前的场景应该也是这样的，只是主人公们早已芳华不再。

“朱鹮公主”常秀云走在中间，她受到男同事们的特别保护。“这是几十年前就形成的规矩。”走在后面的赵志厚笑呵呵地说。是的，这条山路上，几十年前的场景应该也是这样的，只是主人公们早已芳华不再。

沟里流水潺潺，林中小鸟鸣叫。“哎，这几块田已经荒了。”“这块大石头，我们经常在这上面歇脚，吃干粮。”“这几棵核桃树上，每到夏天就有蛇。”“那一片杉树林是我们当年栽的。”“看，这里有一挂小瀑布。这山泉水可凉了，

重走姚家沟山路，似乎仍可见几十年前的情景（摄影　田瑞）

一路上，护鹮“四人小组”和“朱鹮公主”说说笑笑，一草一木都能勾起他们对往昔的回忆，点点滴滴的往事如在昨日。讲述着当年的趣事和情景，虽然手脚并用地攀爬着山路，大伙也不觉得累。

一石一木都能勾起几十年前的往事

一年四季不停，可以直接喝。”“嗨，王跃进在这个地方打过野猪。”一路上，护鹮“四人小组”和“朱鹮公主”说说笑笑，一草一木都能勾起他们对往昔的回忆，点点滴滴的往事如在昨日。讲述着当年的趣事和情景，虽然手脚并用地攀爬着山路，大伙也不觉得累。

翻过几座山梁，跨过几条小溪，又转过几道山弯，大伙终于觉得累了，便各自在路边石头上歇息。路宝忠站在山嘴的石头上，双手在嘴边做成喇叭状，深吸一口气，朝着远处的山弯，高声呼唤：“喂——嗨——嗨——”呼声抑扬顿挫。“哎——嗨——嗨——”回应声高亢嘹亮。顿时，山谷里的回声荡漾悠长。

“是庞朝贵，他在呢。他就一个人住在沟里。”路宝忠说。

“听说他女人走了好多年了，一直没回来。就是那个当年抢回来的老婆。”王跃进说。

啊？抢老婆？

如今，只有庞朝贵一人驻守姚家沟，他就住在当年修建的洋县朱鹮保护站的房里。

“哈哈哈，不是真的抢老婆。”路宝忠解释说。

当年那个穷困的年代，姚家沟30多岁的庞朝贵一直没能娶上媳妇，刘荫增、路宝忠他们和乡邻们都为他着急，后来好不容易在外乡给他说了一个，但临近结婚时，女方却变卦了，听说女方父母嫌姚家沟地处深山，条件差，要把女儿嫁给另外的人家。正好刘荫增、路宝忠等人在女方所在的那个村考察朱鹮，于是庞朝贵及家人就赶来请求他们帮忙向女方说情。于是，在原定娶亲那天，刘荫增、路宝忠和赵志厚等轮番向女方父母说情，说庞朝贵多么勤劳诚实，终有致富的一天，姚家沟有国家保护的朱鹮，是个吉祥之地。乡邻们也赶紧劝说：“你看国家干部都来说情。”娶亲的另一家男方，见庞朝贵这边人多势众，再加上本身人家说亲在前，于是就主动退出离开了。就这样，庞朝贵在众人的帮助下，成功娶回了媳妇。从此，乡邻们就说庞朝贵的媳妇是“抢”回来的。

然而，造化弄人，庞朝贵的媳妇最终还是离家出走了，留下一双儿女，再也没有回来。庞朝贵一个人辛辛苦苦把儿女带大，儿女都在外打拼去了。如今，只有庞朝贵一人驻守姚家沟，他就住在当年修建的洋县朱鹮保护站的房里。

临近姚家沟，时而能发现牛羊的粪便。山坡上，堆放着新砍的柴火，路边的荆棘草木已被割得干净整齐。山路陡滑之处，新修砌着石块。“这是庞朝贵搞的，他知道我们这几天要来。”路宝忠感叹着，庞朝贵这个人还是很好的，可惜命运不济。

见到老朋友，庞朝贵（提手提袋者）激动得说不出话

瘦高个，背微驼，头发长而蓬乱。庞朝贵在离姚家沟一里左右的山路上迎接着老朋友，对老朋友的到来，只是憨笑着表示高兴。

两条烟、两瓶朱鹮黑米酒，是路宝忠带给他的礼物，当然围着姚家沟朱鹮保护站的是十几棵粗壮的杉树，这是路宝忠他们当年栽下的，当年的小树苗，如今已是需要双手才能合抱的参天大树。

还给他带了一些日用品。

围着姚家沟朱鹮保护站的是十几棵粗壮的杉树，这是路宝忠他们当年栽下的，当年的小树苗，如今已是需要双手才能合抱的参天大树。

大树下，一排木架上面的箱笼里是庞朝贵放养的蜜蜂。

“一个人长年住在这山里，不害怕吗？”常秀云关切地问。

“嘿嘿，习惯了。没有啥。”庞朝贵憨笑。

“一年能挣多少？”

“我听人说，他种木耳、养蜂、养牛羊，一年至少搞五六万呢。”王跃进帮着说。

“山里没有电，生活方便吗？多长时间下山？”

“他十天半个月才下山一次，到庞福娃那里给蓄电瓶充电，另外买些日常用品。”路宝忠说。看来，朱鹮站的老朋友们对他还是很了解关切的。

“你的蜂蜜很好，听说山下有个寡妇时常到你这里来买蜂

激情澎湃诉说朱鹮的故事

几十年过去，回到旧地，依然是激情满怀

蜜。你跟她的事能成不？长个心眼，别让人把你骗了。”常秀云善意的提醒逗得众人大笑。

庞朝贵还是“嘿嘿”地憨笑。

“儿女啥时候回来，还上山来看你吗？”

“他们外出打工去了，年底就回来。”提到他的儿女时，庞朝贵不再憨笑，眼中有些湿润。“我给他们打了电话，过年回来，我下山去看他们。”庞朝贵拿着一个老式的信用社记账本，上面记着儿女和之前的乡邻们的电话。毕竟一个人的姚家沟是寂寞伤感的。

保护站大门上方的牌子还在，只是风霜斑驳，字迹很模糊了。

“呵呵呵，我当年就住这间屋。桌椅、木床还在。”“朱鹮公主”常秀云讲着几十年前的情景，“那间厨房后面的小屋，是我洗澡的地方。”

“这里就是当年的朱鹮小学的教室。”赵志厚透着窗户往里看，似乎还能看到学生，还能听到读书声。

朱鹮保护站屋后的山坡坟地上，十几棵百年青冈树，虬枝苍劲，傲刺冬日的苍穹。“当年朱鹮营巢就在从下往上第五棵树上。”路宝忠凝望着那片青冈树，仿佛看到朱鹮飞回营巢。

姚家沟地势不太开阔，山沟在这里拐了一下，溪流两边有姚家沟荒芜寂静的山坡上，护鹮"四人小组"和"朱鹮公主"久久不愿离去。姚家沟是朱鹮家族走向繁盛的地方，朱鹮的根在这里。护鹮人的青春与激情也在这里，姚家沟成了路宝忠他们挥之不去的永恒记忆。

十几块平整的小田，已经荒芜，而沟坎上的坡地里，早已草木丛生。

那片坟茔前的坡坎下，是当年路宝忠带领弟兄们给朱鹮修建的食物投放池，如今也已废弃。站在山坡上，路宝忠似乎又看到了几十年前姚家沟的情景。

20世纪八九十年代的姚家沟充满了欢声笑语，人们都在分享着发现朱鹮的快乐。朱鹮在姚家沟待了十年，姚家沟就红火了十年，这个小小的朱鹮保护站最多时一天有40多人来访留宿。当时朱鹮保护站买了一个小发电机、一台12英寸的黑白电视机，电视让村民们认识了外面的新奇世界。朱鹮的发现，让姚家沟村民的生活和生产方式也发生了很大的变化。当年姚家沟住着七户人家，20多口人。村民生活所需的食盐、布匹、杂货等日常必用品和生活资料，都要去30里外的八里关购买。自从姚家沟发现朱鹮后，大店村山口处的农民黄克亮就开了一家商店，方便了当地群众的生活。朱鹮保护站工作人员帮助村民们培植木耳、种植黄连等药材，扩大了收入来源。

自从朱鹮迁离姚家沟之后，山谷里物是人非，当年七户人家的房屋早已倒塌，只剩残垣断壁湮没在荒草中。

1990年9月，姚家沟的三只朱鹮在五间乡被人打死之后，从此朱鹮再也没有回到这里筑巢。大青冈树上的朱鹮巢，就在雨雪风霜的侵蚀下一点点毁损，两三年之后，鸟巢彻底没有了踪迹。但从1991年开始，每年的3月中旬，就有一只朱鹮飞回姚家沟，下午时分，它迎着夕照飞来，阳光把它那红色的翅膀染上一层金黄。这只朱鹮在空中盘旋，"嘎嘎"大叫，然后停歇在曾经夫妻双栖的枝头，静静地合了双翅，凝神四望，回味着过去幸福的时光。夜幕降临，黑暗吞没了它孤单的身影，但它依然守在这里，直到黎明唤醒了整个山林。朝霞中，朱鹮扇

红杉树下，庞朝贵挥手与老朋友道别

朱鹮保护观察站的名牌早已风雨斑驳，
字迹不清，屋檐下的木箱里是庞朝贵养的蜜蜂

动着淡红的双翅，飞离了让它无限眷念的山村。

姚家沟荒芜寂静的山坡上，护鹮“四人小组”和“朱鹮公主”久久不愿离去。姚家沟是朱鹮家族走向繁盛的地方，朱鹮的根在这里。护鹮人的青春与激情也在这里，姚家沟成了路宝忠他们挥之不去的永恒记忆。

“一定得想办法，恢复姚家沟的水稻等农作物耕种，复原湿地生态，让朱鹮再回姚家沟。这个要有整体规划，结合朱鹮文化搞生态旅游，让专家来考察论证，拿出具体可行的方案，给上面报告。”当过领导的带头大哥路宝忠，胸有成竹的同时依然激情澎湃。